—高校入試によく出る—

パンダで覚える 中学英単語1000

マンガ ナオダツボコ

英文作成 桑原美保

監修 大岩秀樹（東進ハイスクール講師）

準備は
いいか？

キャラクター紹介

フッ

池面半太（いけづらはんた）

すこぶるイケメンな態度を取る
男子高校生。かれんのことが好き。
どう見てもパンダだが、
本人は気がついていないようす・・・？

白鳥かれん（しらとり）

自分を美少女だと信じて疑わない
女子高生。池面の好意をことごとく
はねのける。

nglish

池面ハンナ（いけづら）

池面の妹。謙虚な性格。
ファンクラブができる
ほどの人気者。やはり
どう見てもパンダ。

嶋リズ（しま）

池面の自称婚約者。
池面のことが大好き。
どう見ても シマリス。

天馬総一郎（てんまそういちろう）

池面とかれんの学校の
先生。かれんのいとこ。
池面の大ファン。

もくじ

この本の使いかた

１ページにつき３コママンガが１本入っています（１コママンガの場合もあります）。１コマにつき１つの英単語を紹介しています。マンガを読みながら覚えましょう。

覚えた単語は、
ここにチェックを！
見出し語。
付属の赤シートで隠して暗記しよう。
品詞
（くわしくはｐ７）
動詞の活用など
（くわしくはｐ７）
1 go
活用 go-went-gone
[góu] ゴウ
動 行く
発音記号（くわしくはｐ８）
Did you go to the hair salon?
>お前、ヘアサロンに行ったのか？
へえ？
お前ヘアサロンに行ったのか？
見出し語を使った例文。
まるごと覚えれば、
日常会話にも使える！
例文を使ったマンガ。
３コマ続けて読むと、
３コママンガとして楽しめる。
クスッと笑って意味を覚えよう。

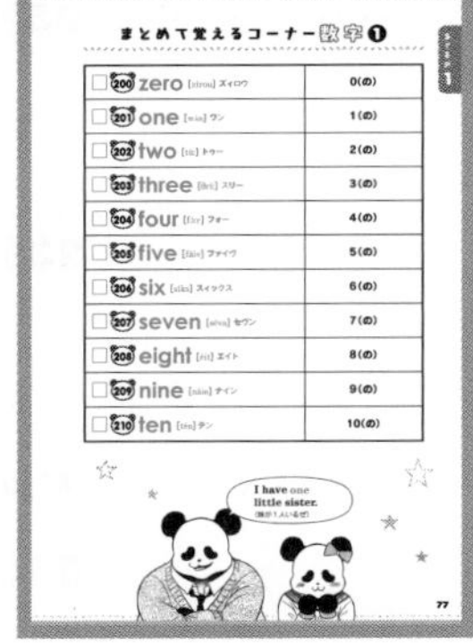

まとめて覚えるコーナー 数字❶

□ 200 zero ズィロウ	0(の)
□ 201 one ワン	1(の)
□ 202 two トゥー	2(の)
□ 203 three スリー	3(の)
□ 204 four フォー	4(の)
□ 205 five ファイヴ	5(の)
□ 206 six スィックス	6(の)
□ 207 seven セヴン	7(の)
□ 208 eight エイト	8(の)
□ 209 nine ナイン	9(の)
□ 210 ten テン	10(の)

I have one little sister.

77

◁◁◁ まとめて覚えるコーナーは
一度に覚えたほうが便利なページ。
１ページにつき、
３～１２個の単語を紹介しています。

音声について

この本に掲載されている見出し語と例文は、音声で聞くことができます。ネイティブスピーカーの正しい発音を繰り返し聞くことで、さらに英語が身につきます。

▽ここにアクセス！▽

https://l-world.shogakukan.co.jp/

または

ＰＣ・スマートフォンから無料で
聞くことができます
（通信にかかる費用はご負担ください）。

この本の記号について

品詞

動…動詞　形…形容詞　名…名詞

助…助動詞　接…接続詞　前…前置詞

副…副詞　代…代名詞　間…間投詞

活用

活用 は、動詞の原形 - 過去形 - 過去分詞
の順に表しています。

複数形 は、名詞の不規則変化のみ表示しています。

発音記号について

カタカナ発音と発音記号は、主に「プログレッシブ中学英和・和英辞典」(小学館)を参考にしています。発音は米音のみ示しています。

母音

発音記号・カナ	例
[íː] イー	sheep [ʃíːp] シープ
[í] イ	ill [íl] イル
[e] エ	bed [béd] ベッド
[æ] ア	bad [bǽd] バッド
[ɑː] アー	calm [kɑ́ːm] カーム
[ɑ] ア	pot [pɑ́t] パット
[ɔː] オー	caught [kɔ́ːt] コート
[u] ウ	put [pút] プット
[uː] ウー	boot [búːt] ブート
[ʌ] ア	cut [kʌ́t] カット
[əː] アー	bird [bə́ːrd] バード
[ə] ア	about [əbáut] アバウト
[ei] エイ	make [méik] メイク
[ai] アイ	bite [báit] バイト
[au] アウ	shout [ʃáut] シャウト
[ɔi] オイ	voice [vɔ́is] ヴォイス
[ou] オウ	note [nóut] ノウト
[iə] イァ	ear [íər] イァ
[eə] エァ	there [ðéər] ゼァ
[uə] ウア	usual [júːʒuəl] ユージュアル

子音

発音記号・カナ	例
[p] プ	pen [pén] ペン
[b] ブ	back [bǽk] バック
[t] ト	tea [tíː] ティー
[d] ド	date [déit] デイト
[k] ク	key [kíː] キー
[g] グ	get [gét] ゲット
[f] フ	face [féis] フェイス
[v] ヴ	voice [vɔ́is] ヴォイス
[θ] ス	thick [θík] スィック
[ð] ズ	then [ðén] ゼン
[s] ス	soon [súːn] スーン
[z] ズ	zoo [zúː] ズー
[ʃ] シ	fish [fíʃ] フィッシュ
[ʒ] ジ	Asia [éiʒə] エイジャ
[tʃ] チ	cheek [tʃíːk] チーク
[dʒ] ヂ	jump [dʒʌ́mp] ヂャンプ
[h] ヒ	hit [hít] ヒット
[m] ム	sum [sʌ́m] サム
[n] ヌ	neck [nék] ネック
[ŋ] ング	sing [síŋ] スィング
[l] ル	lead [léd] リード
[r] ル	tree [tríː] トゥリー
[j] イ	yet [jét] イエット
[w] ウ	wet [wét] ウエット

Panda's
1000 English Words

STEP 1
必修レベル
の単語

1つ残らず
覚えてくれ
…大丈夫
オマエなら
できる

STEP 1

1
go

活用 go-went-gone

[góu] ゴゥ ┊ 動 行く

へえ？
お前ヘアサロンに
行ったのか？

Did you go to the hair salon?

▷お前、ヘアサロンに行ったのか？

2
want

活用 want-wanted-wanted

[wánt] ワント ┊ 動 ～がほしい

ざわッ
うらやましいぜ
この髪に触れた
奴が
オレ様も…
お前の愛がほしい
Kiss♥

I want your love.

▷お前の愛がほしい。

3
time

[táim] タイム ┊ 名 時，時間，回

ここに来たのは
初めてだな

It's my first time here.

▷ここに来たのは、初めてだな。

□ 4 think

活用 think-thought-thought

[θíŋk] スィンク

動 考える，～と思う，（think about ～で）～のことを考える

I'm always thinking about you.

いつでも
お前のこと
考えてるぜ
フッ

▷いつでもお前のことを考えているぜ。

□ 5 make

活用 make-made-made

[méik] メイク

動 ～を作る，（make A+B で）AをBにする

You make me happy.

お前は
オレ様を
幸せな
気持ちにしてくれる
ムシャア…

▷お前はオレを幸せな気持ちにしてくれる。

□ 6 look

活用 look-looked-looked

[lúk] ルック

動 見る，～に見える，（look at ～で）～を見る

Don't look at me that way.

……
シンプルに気持ち悪い…
待て！ そんな目でオレ様を見るな！
ヤキモチ焼いてるんじゃないから!!
よく表情見ろ!!

▷そんな目で（そんな風に）オレを見るなよ。

□ 7 good

[gúd] グッド | 形 よい，じょうずな

これはすげえ
グッドな
本だぜ
竹の歴史
笹の文化

This is a good book.

▷これはいい本だぜ。

□ 8 know

活用 know-knew-known

[nóu] ノゥ | 動 ～を知っている

ホラ
何が知りたい？
教えてやるよ
手取り足取り
…な
ズ
ン
ッ

What do you want to know?

▷何を知りたいんだ？

□ 9 come

活用 come-came-come

[kʌ́m] カム | 動 来る

ヒイイイッ
だッ
やれやれ
照れ屋
だな
もっと
近くに来いよ
死んでも
やだ!!
竹の歴史
笹の文化

Come closer to me.

▷もっと近くに来いよ。

□ 10 get

活用 get-got-gotten

[gét] ゲット　動 ～を手に入れる，～になる

大丈夫か？
早くよくなれよ

Get well soon.

▷早くよくなれよ。

□ 11 school

[skú:l] スクール　名 学校

学校は
毎日
楽しいぜ
けど
お前がいれば
もっと楽しい
はずだ
待ってるぜ!!!
ポン
みんな…

School is fun every day.

▷学校は毎日、楽しいぜ。

□ 12 see

活用 see-saw-seen

[sí:] スィー　動 ～を見る，～に会う

そして
何より
オレ様に
会いに来い
それはしない。
食い気味!!

Come and see me.

▷オレに会いに来いよ。

□ 13 take

活用 take-took-taken

[téik] テイク

動 ～を連れて（持って）いく，～を手に取る

I will take you to a fancy restaurant.

お前を高級レストランに連れてってやるよ
高級につられてしまった…
でも楽しみ♥

▷お前を高級レストランに連れて行ってやるよ。

□ 14 some

[sʌ́m] サム

代 いくつか，いくらか
形 いくつかの，いくらかの

This is delicious! Do you want some?

これうまい！最高級Aランクだぜ!!
むしゃむしゃ
少しほしいか？
竹のランクとかどうでもいいんだけど!!

▷これはおいしいな。少し欲しいか？

□ 15 if

[íf] イフ

接 もし～ならば

If you are hungry, eat this!

静かだな腹減ってんのか？
これを食えよ
イラッ
それ食べられるのパンダだけだから!!

▷腹が減ってるなら、これを食えよ！

16 play

活用 play-played-played

[pléi] プレィ | **動** (スポーツやゲームを) する，～を演奏する

I will play the guitar for you.

ギター弾いてやるよ
お前のために…な
いらない
ゴミよりも
いらない

▷お前のためにギターを弾いてやるよ。

17 there

[ðéər] ゼァ | **副** そこに，そこで，(there is/are～で)～がいる (ある)

There are many beautiful girls, but you are the best.

そんな
気の強えところも
おもしれえ
美しい女は
たくさんいるが
お前が一番さ
!!

▷美しい女はたくさんいるが、お前が一番さ。

18 many

[méni] メニィ | **形** たくさんの，多数の

I have already said it many times.

もっと!
もっと言って!!
ホラ!!
とっぷり
すでに
何度も
言ってるぜ!!

▷すでに何度も言っている。

19 use

活用 use-used-used

[jú:z] ユーズ　動 ～を使う
[jú:s] ユース　名 使用

You can use my towel.

オレ様のタオル使っていいぜ

▷オレのタオル、使っていいぜ。

20 say

活用 say-said-said

[séi] セィ　動 ～と言う

Do not say anything.

えっ これって…
フッ
何も言うなよ
礼はいらねえぜ

▷何も言うなよ。

21 people

[pí:pl] ピープル　名 人々

People are looking at me.

池面くんステキー♥
みんながオレ様を見てるぜ…!
キャ〜
BAMBOO
タオルも竹製なの？ってツッコもうとしただけなんだけど…

▷みんな（人々）がオレを見てるぜ。

□ 22 lot

[lɑ́t] ラット | 名 (a lot of ～で) たくさんの～

I have a lot of homework today.

▷今日は宿題、いっぱいあるのよね。

今日は宿題いっぱいあるのよね…
しかも苦手な英語のペアワーク…
安心しろよオレ様がペアなんだから
そこが一番不満なんだけど

□ 23 English

[íŋgliʃ] イングリッシュ | 名 英語 形 英語の

Say it in English.

▷英語で言ってみろよ。

※英会話をするペアワークです
ア…アイ アム ジャパニーズ…
ええと…
もっといつも使う言葉を英語で言ってみろよ
いつも…？
あっ！

□ 24 Japanese

[dʒæ̀pəníːz] ヂャパニーズ | 形 日本の，日本人の 名 日本人，日本語

I am the most beautiful Japanese girl!

▷私はいちばん美しい日本人女子よ。

I am the most beautiful Japanese girl!
突然ネイティブ並に!!

STEP 1

□ 25 **talk**

活用 talk-talked-talked

[tɔ́:k] トーク　動 話す

ペアワーク続行中
いつでもトークしてきていいんだぜ
ゔ〜〜ん
えーと…
ほかに私がしゃべれそうな英語は――…

You can talk to me anytime.

▷いつでも話しかけてきていいんだぜ。

□ 26 **friend**

[frénd] フレンド　名 友達

I don't want to be your friend.
ドンッ!!
フフフ これでもくらえ!!

I don't want to be your friend.

▷あなたの友達になんかなりたくないわ。

□ 27 **other**

[ʌ́ðər] アザァ　形 ほかの

つまり恋人になりたいってことだな!
ほかに質問はないのかよ?
く…っ
クスッ
何を言ってもポジティブに取られそう…!

Do you have any other questions?

▷ほかに質問はあるのか?

28 new

[nú:] ヌー | 形 新しい

池面！お前の新しい髪形好きだぜ！
サンキュ 毛先を遊ばせてみたぜ
!?

I like your new hairstyle.

▷お前の新しい髪形、好きだぜ。

29 student

[stú:dnt] ストゥードゥント | 名 生徒

いつもと違いが全然わかんないんだけど…
うしろは少し無造作に…
俺もやろうかな～
ええっ!?
ウソでしょ!? あなた この学校の生徒なの？

Are you a student of this school?

▷あなた、この学校の生徒なの？

30 all

[ɔ́:l] オール | 代 すべて 形 すべての

どうすれば見分けられるの？
愛よ！愛こそすべて!!
私には一生ムリっぽいな…

Love is all.

▷愛こそすべてさ。

□ 31 read

活用 read-read-read

[rí:d] リード | 動 ～を読む

池面ゆうべ私のメッセージ読んだ？
送ったんだけど
悪ィ 今確認する
学校にスマホ忘れててな…

Did you read my message?

▷私のメッセージ、読んだ？

□ 32 too

[tú:] トゥー | 副 ～もまた，～すぎる

白鳥
あんたの髪の構造どうなってんの？
気になりすぎるんだけど
オレ様もお前のことは気にかけてるぜ
いつでも…な
そんな答えは求めてないんだけど
イラッ
KISS

I care about you, too.

▷オレもお前のことは気にかけているぜ。

□ 33 tell

活用 tell-told-told

[tél] テル | 動 ～を伝える

照れるなって素直になる準備ができたら教えろよ
照れてないしそんな日一生来ないから
結局 謎は解けなかった

Tell me when you are ready.

▷準備ができたら、教えろよ。

34 then

[ðén] ゼン　副 そのとき，それから

Just then, you came up to me.

以前のオレ様は
何不自由ない
暮らしに
飽き飽きしていた
ちょうど
その時だよ
お前がオレ様の
目の前に
現れたのは

▷ちょうどその時だよ、
お前がオレの目の前に現れたのは。

35 because

[bikɔ́:z] ビコーズ　接 なぜなら～だから

Because I love you.

それから世界が
輝き始めた…
ビコーズ
お前を愛している
からさ
池面…
私も伝えたい
ことがあるから
少し待ってて

▷なぜなら、お前を愛しているからさ。

36 thank

活用 thank-thanked-thanked

[θǽŋk] サンク　動 ～に感謝する

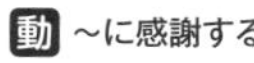

Thank you for waiting.

お待たせ❤
どこに用意
してたんだ
そんなもん!!

▷お待たせ（待ってくれてありがとう）。

STEP 1

□ 37 study

活用 study-studied-studied

[stʌ́di] スタディ　動 (〜を) 勉強する

昨日の夜は勉強しすぎたぜ…
けど かなりためになったな

I studied too hard last night.

▷昨日の夜は勉強しすぎたぜ。

□ 38 book

[búk] ブック　名 本

あんたなんの本読んでんのよ？
ひょい
ポジティブ♥ラブ理論
その恋、もう かなってます

What book are you reading?

▷あんた、なんの本読んでんのよ？

□ 39 up

[ʌ́p] アップ　副 上へ

見上げてみろよ オレ様達は同じ空の下にいる
つまり地球規模で見ると…
もう同棲してるんだ
捨てろその本!!
ポジティブ♥ラブ理論

Look up, we are under the same sky.

▷見上げてみろよ、
オレたちは同じ空の下にいる。

□ 40 first

[fə́ːrst] ファースト　形 第1の，最初の

オレ様って お前の初恋の相手なのか?
はァ!?

Am I your first love?

▷オレってお前の初恋の相手なのか？

□ 41 here

[híər] ヒア　副 ここに　名 ここ

言わなくてもわかるでしょ! もうここから出てってよ!!
しっしっ

Get out of here!

▷ここから出てってよ！

□ 42 happy

[hǽpi] ハピィ　形 うれしい，幸せな

否定しないってことはYESかスゲー嬉しいぜ!
ポジティブ〜♫
肯定もしてないんですけど!?

I am so happy.

▷スゲーうれしいぜ。

□ 43 also

[ɔ́:lsou] オールソゥ | 副 ～もまた

I am not only handsome, but also smart.

▷オレってイケメンなだけじゃなくて、賢いんだよな。

みんなでかくれんぼをすることになりました
あっち探してー
オレ様ってイケメンなだけじゃなく賢いんだよな

□ 44 find

活用 find-found-found

[fáind] ファインド | 動 ～を見つける

Find me if you can.

▷見つけられるもんなら、見つけてみろよ。

見つけられるもんなら見つけてみろよ…！

□ 45 really

[rí:əli] リーァリィ | 副 本当に

I am really popular.

▷オレって、本当に人気者だな。

まず池面を捕まえろ！あいつに会いたくてほかの奴らが出てくるから!!
オレ様って本当に人気者だな！

46 old

[óuld] オウルド　形 古い，年取った

オレ様達も古い教会で結婚しようぜ
月刊ウエディング
レトロ挙式大特集!!
おすすめ古い教会10選
ピキ

Let's get married in an old church.

▷古い教会で結婚しようぜ。

47 right

[ráit] ライト　形 右の，正しい　副 右に，正しく

結婚式でオレ様の右ほほにチュッてしてくれよ
ゴッ

Kiss me on my right cheek.

▷オレの右ほほにチュッて（キス）してくれよ。

48 much

[mʌ́tʃ] マッチ　副 とても　形 たくさんの，多量の

こーらゴッじゃなくてチュッだろ?
まあそれでも
めっちゃお前のことを愛してるぜ
くっ
強い…!

I love you so much.

▷めっちゃお前のことを愛してるぜ。

□ 49 home

[hóum] ホウム

副 家に, 家へ
名 家, 家庭

キーンコーンカーンコーン
つかれた〜〜!!
私もう うちに 帰りたいわー

I want to go home now.

▷私、もううちに帰りたいわ。

□ 50 give

活用 give-gave-given

[gív] ギヴ

動 〜を与える

乗れよ白鳥 送ってやる
スッ
オレ様のすべてを お前にやるぜ…!

I will give you my everything.

▷オレのすべてをお前にやるぜ。

□ 51 help

活用 help-helped-helped

[hélp] ヘルプ

名 助け
動 〜を助ける, 〜を手伝う

あんたの助けは いらないわ!
ゅー 白鳥さん元気ーー!
ぴゅん

I don't need your help.

▷あなたの助けはいらないわ。

52 live

活用 live-lived-lived

[lív] リヴ

動 住んでいる

そういえば
ご両親って どこに
住んでるの？
前会えなかったけど
忙しい人なのよね？

Where do your parents live?

▷ご両親はどこに住んでるの？

53 work

活用 work-worked-worked

[wə́ːrk] ワーク

動 働く
名 仕事

アメリカを拠点に
世界を飛び回ってるな
オレ様の親父は
ニューヨークで
ワークしてるんだ
ごそ
ごそ

My father works in New York.

▷オレの父はニューヨークで働いてるんだ。

54 enjoy

活用 enjoy-enjoyed-enjoyed

[indʒɔ́i] インヂョィ

動 ～を楽しむ

オレ様の弁当箱は
親父のN.Y.土産だぜ！
DOOOON!
EnJoy
your
lunch!
クセが強い！

Enjoy your lunch!

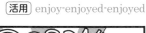

▷ランチを楽しめよ！

□ 55 now

[náu] ナウ　副 今（は）

何してんの池面
今宿題をやってるんだ

I am doing my homework now.

▷今、宿題をやっているんだよ。

□ 56 more

[mɔ́ːr] モア　副 もっと　形 もっと多くの

スタディモアしなくちゃダメだな…
今日宿題なんて出てたっけ？

I have to study more.

▷もっと勉強しなくちゃダメだな。

□ 57 thing

[θíŋ] スィング　名 こと，もの

白鳥とどうやって結婚するか
毎日考える!!
オレ様にはやるべきことがいっぱいあるんだよ
イヤアアアアア!!

I have many things to do.

▷オレには、やるべきことがいっぱいあるんだよ。

□ 58 eat

活用 eat-ate-eaten

[íːt] イート | 動 ～を食べる

ホラ白鳥
あーーーん
スッ
私は笹なんて
絶対に食べないの!

I will never eat "sasa".

▷私は笹なんて絶対に食べないの。

□ 59 well

[wél] ウェル | 副 よく，じょうずに
間 ええと

安心しろ
これはA5ランクの
高級品だ
よく噛めよ
イラッ

Chew it well!

▷よく噛めよ。

□ 60 learn

活用 learn-learned-learned

[lə́ːrn] ラーン | 動 ～を習い覚える

学習しない
人ね!!
※笹は地面が
責任持って
食べました。

You never learn!

▷学習しない人ね！

□  61 long

[lɔ́ːŋ] ローンｸﾞ

形 長い
副 長く

I haven't seen her for a long time.

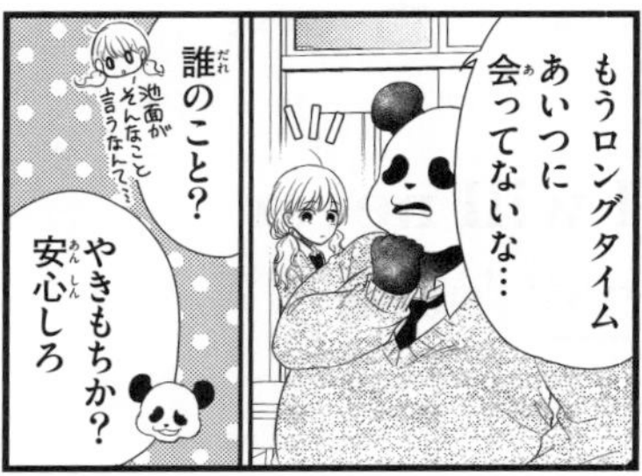
もうロングタイム
あいつに
会ってないな…
誰のこと？
池面がそんなこと言うなんて…
やきもちか？
安心しろ

▷もう長いこと、あいつ（彼女）に会ってないな。

□ 62 mother

[mʌ́ðər] マザｧ

名 母

My mother is so pretty.

マイマザーだ
まぎらわしぃ!!
オレ様の母親は
結構 美人なんだぜ
まあ お前ほどじゃ
ないけどな

▷オレの母は結構美人なんだ。

□ 63 word

[wə́ːrd] ワーﾄﾞ

名 単語，言葉

What words do you want me to say?

ゴメーン！
よく聞こえ
なかった☆
誰ほど？
美人じゃない
って??
オレ様に
どんなワードを
言わせたいんだよ…
自分を称える言葉を
欲しがりすぎる女
白鳥かれん

▷オレにどんな言葉を言わせたいんだよ？

64 than

[ðǽn] ザン　接 ～よりも

白鳥さん！
あなたより
あたくしのほうが
彼のことを
愛して
いますわ!!
嶋リズ
池面半太の幼なじみ

I love him more than you do.

▷あなたより、あたくしのほうが
彼のことを愛していますわ。

65 every

[évri] エヴリィ　形 どの～も，毎～

白鳥さんと違って
あたくしはエブリディ
半太さんのことを
考えているんですの
昔 プロポーズも
されましたわ！

I am thinking about Hanta every day.

▷あたくしは毎日、
半太さんのことを考えているんですの。

66 family

[fǽmli] ファムリィ　名 家族

お前は
オレ様のファミリーの
一員みたいなもんだ
小さい頃から
知ってるし
――って♥
これぞ
妻ってことですわよね！
思考回路
池面にそっくり…！
でも
かわいい…
ドキッ

You are like a member of my family.

▷お前はオレの家族の一員みたいなもんだ。

□ 67 house

[háus] ハウス | 名 家

Come to my house again.

白鳥また
マイハウスに来いよ

▷またうちに来いよ。

□ 68 visit

活用 visit-visited-visited

[vízit] ヴィズィット | 動 ～を訪れる
名 訪問

Did you visit his house?

彼の家にヴィズィットしたのかい!?
それは話を聞かないと!
先生達にヘンな誤解されてる!?
クリスマスパーティーによばれただけだよ!!

▷彼の家に行ったの？

□ 69 let

活用 let-let-let

[lét] レット | 動（Let's ～で）～しましょう

Let's all calm down for now!

庭に竹林があるって本当かい!?
クリスマスツリーが笹って聞いたけど!?
みんな! 一旦 落ち着きましょう!
ただの池面ファンだった!

▷みんな、一旦、落ち着きましょう！

□ 70 show

活用 show-showed-shown

[ʃóu] ショウ | 動 ～を見せる

たまにはスマイルをショウミーしろよ白鳥

Show me your smile.

▷笑顔を見せろよ。

□ 71 leave

活用 leave-left-left

[líːv] リーヴ | 動 …を～のままにしておく，離れる，出発する

私の笑顔は安くないの
お願いだから放っておいて！
プイッ
白鳥…
そんなお高くとまってるとこも好きだぜ…

Please leave me alone!

▷お願いだから、放っておいて！

□ 72 food

[fúːd] フード | 名 食べ物

白鳥さーん！あなた学食だとどんなフードが好き？
メニューのアンケート取ってるんだけど
わかめうどんかなー
笑顔大安売りじゃねえか…！

What kind of food do you like?

▷どんな食べ物が好き？

□ 73 last

[lǽst] ラスト | 形 この前の，最後の

ラストウィークのデート
マジで楽しかったな
また行こうぜ
はあ!?
何言ってんの!?

Last week's date was so fun!

▷先週（この前の週）のデート、マジで楽しかったな。

□ 74 please

[plíːz] プリーズ | 副 どうぞ

これ以上 2人を
親密にはさせない!
プリーズ あたくしも
一緒に連れていって
くださいな!

Please take me with you.

▷どうか、あたくしも一緒に連れて行ってくださいな。

□ 75 try

活用 try-tried-tried

[trái] トゥライ | 動（～を）やってみる

翌週
デートじゃなくて
偶然市営ジムで
会っただけなんだけど…
リズちゃん
大丈夫かな…
がんばれ!
トライすれば
できるぜ!
は…はい…っ!

You can do it, if you try!

▷やればできるぜ！

□ 76 morning

[mɔ́:rniŋ] モーニング　名 朝，午前

オレ様の朝習慣
池面のモーニングルーティン動画を見せられた
オレ様はエブリモーニングコーヒーを楽しんでるんだ

I enjoy drinking coffee every morning.

▷オレは毎朝、コーヒーを楽しんでいるんだ

□ 77 next

[nékst] ネクスト　副 次に　形 次の

あいつが普通に朝をすごすとは思えない…
次は何をしでかすつもり？

What are you going to do next?

▷次は何をするつもり？

□ 78 child

複数形 children

[tʃáild] チャイルド　名 子ども

でも オレ様苦いのはNGなんだ
どばばばばば
子どもみたいなこと言わないでよ！

Don't speak like a child.

▷子どもみたいなこと、言わないでよ。

□ 79 become

活用 become-became-become

[bikʌ́m] ビカム　動 ～になる

オレ様と白鳥は運命に導かれるように出会った…
フッおもしれぇ女
いろいろあったが
今はこうして
オレ様は
白鳥の彼氏に
なったというわけェ

This is how I became her boyfriend.

▷こうして、オレはあいつの彼氏になったというわけ。

□ 80 start

活用 start-started-started

[stáːrt] スタート　動 始まる，～を始める

どうだ？オレ様の素晴らしい日記は
いや私達 まだ何もスタートしてないから!!
なんでいつもねつ造すんの!?
ラブダイアリー
book

Nothing has started yet.

▷まだ何も始まってないってば。

□ 81 call

活用 call-called-called

[kɔ́ːl] コール　動 ～に電話する，～を呼ぶ

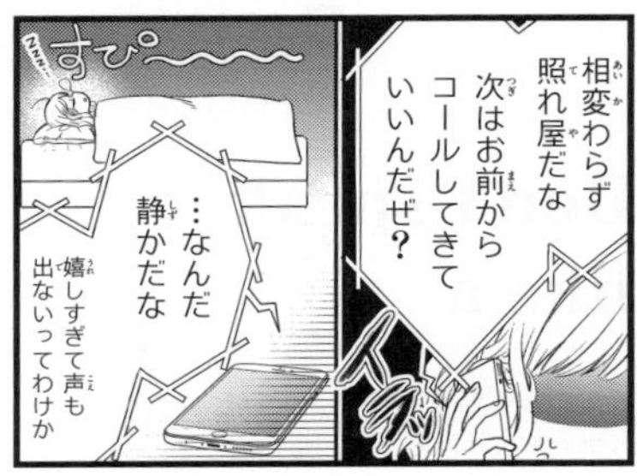
相変わらず照れ屋だな
次はお前からコールしてきていいんだぜ？
すぴ～～～
…なんだ静かだな
嬉しすぎて声も出ないってわけか

You can call me next time.

▷次は、お前が電話してきていいぜ。

□ 82 write

活用 write-wrote-written

[ráit] ライト　動 ～を書く

見ろよ！今度は お前のためにポエムをライトしてるんだぜ
ばんっ
頼んでない！

I am writing a poem for you.

▷お前のためにポエムを書いてやってるんだぜ。

□ 83 children

単数形 child

[tʃíldrən] チルドゥラン　名 子どもたち

いいから この最高のページ見ろって
ぺらっ
オレ様が考え事してたらフキゲンになるお前
バーカ
愛してるよ
オレ様達の子どものことを考えてたのさ

I was thinking about our children.

▷オレたちの子どものことを考えていたのさ。

□ 84 way

[wéi] ウェィ　名 道, 方法

警察署までの道を教えていただけますか？
白鳥イィイ!!!

Can you show me the way to the police station?

▷警察署までの道を教えていただけますか？

□ 85 water

[wɔ́:tər] ウォータァ | 名 水

Can I have some water?

運動の後はウォーター補給だぜ
わいわい
ありがとー
たすかるわー
私も お水もらえる？

▷お水をもらえる？

□ 86 kind

[káind] カインド | 名 種類 / 形 親切な，やさしい

What kind of "sasa" do you like?

どの種類の笹が好きなんだ？
笹フレバーウオター
クマザサフレバー
チシマザサフレバー
オカメザサフレバー
ザサフレバー

▷どんな笹が好きなんだよ？

□ 87 understand

活用 understand-understood-understood

[ʌ̀ndərstǽnd] アンダァスタンド | 動 ～を理解する

I don't understand what you are trying to say.

普通の水でいいんだけど!!
普通って…オレ様にとってはこれが普通だぜ
笹ってのは奥が深くてなそうまるでお前みたいな…
何が言いたいんだかわからない!!

▷何が言いたいんだか、わからないわ。

□ 88 week

[wíːk] ウィーク ┊ 名 週

ネクストウィーク 出かけようぜ白鳥!
誘われすぎて断るのも疲れてきた…

Let's go out next week.

▷来週、出かけようぜ。

□ 89 meet

活用 meet-met-met

[míːt] ミート ┊ 動 (〜に) 会う

じゃあ図書館で会いましょう
はー
ぱあっ

Let's meet at the library.

▷図書館で会いましょう。

□ 90 hear

活用 hear-heard-heard

[híər] ヒア ┊ 動 〜を聞く, 〜が聞こえる

なあ白と…
ばっ
図書館では話しかけないで
だから図書館を選んだのか!
オレ様はお前の声がヒアしたかっただけだよ!
静かにしてくださーい

I just wanted to hear your voice.

▷お前の声が聞きたかっただけだよ。

STEP 1

□ 91 most

[móust] モウスト

副 最も，いちばん
形 ほとんどの

What animal do you like the most?

▷一番好きな動物ってなに？

白鳥が一番好きな動物ってなんだ？

□ 92 animal

[ǽnəməl] アニマル

名 動物

I love small animals.

▷私、小動物が大すきなの。

私 小動物が大好きなの♥
つまりパンダじゃないってことよ!!

□ 93 love

活用 love-loved-loved

[lʌ́v] ラヴ

動 ～を愛する，大好きである
名 愛

I love you, too.

▷オレも愛してるぜ。

オレ様もラヴだぜ 小動物 ——みたいにかわいいお前を…な
キモッ!!
でも私をそう誉めたのはいいセンスね!!
意外に仲良いよなあの2人…

□ 94 buy

活用 buy-bought-bought

[bái] バイ　動 ～を買う

I can't decide what to buy.

▷何を買おうか決められない。

いらっしゃいませー
妹の誕生日用のケーキが欲しいんだが…
何をバイするか決められないな…

□ 95 idea

[aidíə] アイディーア　名 考え

That's a good idea!

▷それはいい考えだな。

お誕生日のプレートもお付けできますがいかがですか？
HAPPY BIRTHDAY ●●ちゃん
それはグッドアイディーアだな！

□ 96 name

[néim] ネイム　名 名前

What is your sister's name?

▷妹の名前は何というの？

妹さんのお名前は？
ハンナだ
ケーキのおすすめはどれだ？
池面ハンナ
帰宅後
パンダちゃん おたんじょうび おめでとう
よく間違えられるんだよなぁ…

STEP 1

□ 97 teacher

[tíːtʃər] ティーチャァ ｜ 名 教師

私のイトコはティーチャーなの
天馬総一郎
かれんの学校の英語教師
私の親せきだけあってカッコいい自慢のお兄さんよ

My cousin is a teacher.

▷私のイトコは教師なの。

□ 98 stay

活用 stay-stayed-stayed

[stéi] ステイ ｜ 動 滞在する 名 滞在

ゴホッゲホッ
総くん体調良くないならステイホームしなよ
いや…僕には大事な使命があるんだ…

Stay home if you are not feeling well.

▷体調がよくないなら、家にいなよ。

□ 99 hard

[háːrd] ハード ｜ 形 難しい，かたい 副 一生懸命に，熱心に

池面くんを眺めるという重大な使命が…
今日もナイスガイだ…
理解しがたいわ!!

It's so hard to understand!

▷理解しがたいわ！

□ 100 watch

活用 watch-watched-watched

[wátʃ] ワッチ ｜ 動 ~を（じっと）見る　名 腕時計

今度 大会に出るから オレ様のダンスをワッチしておけよ
ダンス選手権
ワァァァ…
続いてエントリーNo.3 池面半太くん!!
本当に出てた…

Watch my dance.

▷オレのダンスをしっかり見ておけよ。

□ 101 great

[gréit] グレイト ｜ 形 すばらしい，偉大な

やっぱりオレ様ってグレイトだな!!
これで白鳥もオレ様にホレ直すぜ!!
ワァアアアアアァ!!

I am so great.

▷オレってスゲーな。

□ 102 game

[géim] ゲイム ｜ 名 試合，ゲーム

よぉ白鳥 昨日 何してた?
テレビで野球のゲーム観てた
あの後すぐチャンネル変えた
ピッ
白鳥…ッ!!

I was watching a baseball game on TV.

▷テレビで野球の試合を観てた。

□ 103 back

[bǽk] バック

名 背中，うしろ
副 うしろへ

よぉ白鳥
オレ様の
背中に乗れよ
スーッ
あんたも
こりないわね!!

Get on my back.

▷背中に乗れよ。

□ 104 listen

活用 listen-listened-listened

[lísn] リスン

動 聞く
（listen to ～で）～を聞く

リスン トゥーミー
ああもう！
あんたが黙りなさい!!

Listen to me.

▷オレのいうことを聞きな。

□ 105 small

[smɔ́:l] スモール

形 小さい

パシッ
私の拳を
止めた…!!
フッ
お前の手って
すげえ
スモールだな
バトルまんが
みたいになってる…!!

Your hands are so small.

▷お前の手って、すげえ小さいんだな。

106 better

[bétər] ベタァ

形 よりよい
副 よりよく

This hat looks better on you.

▷この帽子、オレよりお前の方が似合うよ。

この帽子 オレ様より
お前のほうが似合うぜ
ポスッ
ええ～？
私のシュミじゃ
ないんだけど…

107 beautiful

[bjúːtəfəl] ビュータフル

形 美しい

You are too beautiful.

▷あなたは美しすぎる。

待って!?
この窓に映ってる
美少女…!!
そう
あなた!!
美しすぎる!!
白鳥かれん一人劇場

108 interesting

[íntərəstiŋ]
インタラスティング

形 おもしろい，興味深い

You are an interesting girl.

▷おもしろい女だな。

こんな美少女
見たことない!!
どこ住み!?
ラインしてる!?
フッ
おもしろい女だな
なんだかんだで
相性いいかもしれない
2人だった

□ 109 any

[éni] エニィ

代 いくらか，（否定文で）少しも（…ない）
副（not ~ any more で）これ以上～ない

I can't eat any more.

もう
食べられないわ…
大好物だけど
体型のために
がまん!!

▷もう食べられないわ。

□ 110 need

活用 need-needed-needed

[ní:d] ニード

動 ～を必要とする
（need to ～で）～する必要がある

You don't need to hide your feelings.

白鳥
自分の気持ちを
隠す必要はないぜ
ムシャア…
正直に生きろ
食べすぎ
でしょ!!

▷自分の気持ちを隠す必要はないぜ。

□ 111 big

[bíg] ビッグ

形 大きい

Do you have a bigger size?

なんか自分が
バカらしくなってきた
メロンパン
もっとビッグな
サイズは
あります!?
はいよー!
たまには
息抜きも大事です

▷もっと大きなサイズはあります？

□ 112 place

[pléis] プレイス ┆ 名 場所

ここはオレ様のお気に入りのプレイスだぜ

This is my favorite place.

▷ここはオレのお気に入りの場所だぜ。

□ 113 feel

活用 feel-felt-felt

[fíːl] フィール ┆ 動 ～を感じる

お前の愛を感じるぜ

I feel your love.

▷お前の愛を感じるぜ。

□ 114 out

[áut] アウト ┆ 副 外へ

半太ぼっちゃま外出する準備はできましたか？
悪い…オレ様とベッドは相思相愛でな
ぼっちゃま！
※パンダの睡眠時間は長いです

Are you ready to go out?

▷外出する準備はできた？

□ 115 world

[wə́ːrld] ワールド　名 世界

オレ様はこのワールドでいちばんイイ男だ

I am the coolest man in the world.

▷オレは世界一イイ男だ。

□ 116 nice

[náis] ナイス　形 すてきな，親切な

あなたの髪形ほんとにナイスですわ!!
知りたいか？この髪のヒケツ

Your hair looks so nice.

▷あなたの髪形、ほんとに素敵ですわ。

□ 117 life

[láif] ライフ　名 人生，生活，生命

お前のおかげでマイライフは変わったよ
スーパー笹ワックス新発売
という新商品を考えてみたんだが…
誰が買うの!?
SUPER SASA

You changed my life.

▷お前のおかげでオレの人生は変わったよ（お前がオレの人生を変えた）。

□ 118 bring

活用 bring-brought-brought

[bríŋ] ブリング　動 ～を持ってくる

ざわっ
げっ
教科書 ブリングするの
忘れちまった！

I forgot to bring my textbook.

▷教科書を持ってくるのを忘れた。

□ 119 never

[névər] ネヴァ　副 決して～ない

池面!!
お前を1人には
しないぜ!!
ぽ〜い
な…っ
何をして…!!
※教科書は大切に扱いましょう。

I will never leave you alone.

▷決してお前を１人にはしないぜ。

□ 120 class

[klǽs] クラス　名 クラス，授業

だって俺達
同じクラス
だからな!
みんな…
いや隣の人に
見せてもらえば…
そのポジション争いで
授業にならないのよ!!

We are in the same class.

▷オレたち、同じクラスだからな。

□ 121 flower

[fláuər] フラウァ　名 花

中央線
遅れ10分
電車遅れてるのか…
ピロロン
く池面
いいやつ仕入れたから
お前のために
フラワーを持ってきたぜ
何このライン…

I brought some flowers for you.

▷お前のために花を持ってきたぜ。

□ 122 train

[tréin] トゥレイン　名 電車

遅れてるんだってな
トレイン
でも安心しろ
ポンッ
トレインは
予定通り来るさ
オレ様と同じようにな
はぁ!?
何これ…

Trains come on time, just like me.

▷電車は予定通りくるさ、オレと同じようにな。

□ 123 just

[dʒʌ́st] ヂャスト　副 ちょうど，ほんの

遅れておりました
○○線ですが
通常運転に
戻りました
プシュー
よぉ白鳥
ギャー!?
オレ様だ
今着いた
サンキュな
JR社長
いったい何した!?
日本を陰から動かす男・池面

I arrived just now.

▷ちょうど今、着いたところさ。

124 city

[síti] スィティ　名 都市，市

あっ
このお店
かわいー
いいなー
私
ビッグシティに
住みたい！
でも
ここからだと
遠すぎない？

I want to live in a big city.

▷私、大都市に住みたい！

125 walk

活用 walk-walked-walked

[wɔ́:k] ウォーク　動 歩く　名 散歩

Hey siri
ちなみにそこまで
歩くと どのくらい
かかるの？
170
時間です
ムリすぎー
オレ様なら
1日で連れて
いけるぜ

How long does it take to walk there?

▷そこまで歩くと、どのくらいかかるの？

126 run

活用 run-ran-run

[rʌ́n] ラン　動 走る

オレ様は速くランする
のが好きなんだ
交通機関より
安いし頼りにも
なるぜ？
ビューン
池面くん
頼もしい!!
どうしても背中に
乗せたがるな　この男

I like to run fast.

▷オレは速く走るのが好きなんだ。

□ 127 question

[kwéstʃən] クウェスチョン　名 質問

I will answer any question.

▷どんな質問にも答えてやるよ。

今日は気分いいし
どんなクエスチョンにも
答えてやるぜ
!!
いや別になりし
このチャンス
逃せないわっ!!
えーと
えーと…

□ 128 tomorrow

[təmá:rou] トゥマーロウ　名 明日　副 明日（は）

Tomorrow is another day.

▷明日は明日の風が吹く（明日はまた別の日さ）。

ざ…
座右の銘は
なんですの!?
「トゥモローは
トゥモローの
風が吹く」だな
世界一 無難な
質問をしてしまった!!

□ 129 important

[impɔ́:rtnt] インポータント　形 重要な

It's so important for me.

▷あたくしにとっては、とても重要なことですの。

リズちゃん
その質問で
よかったの…?
あ…っ
あたくしにとっては
とても重要なこと
ですの!!
かわいい

□ 130 together

[təgéðər] タゲザァ　副 いっしょに

Let's dance together.

一緒に踊ろうぜ
昔 半太さんにも
同じことを言われたわね…
今晩 一緒に
踊ろうぜ!
よっ
よろこんで!!

▷一緒に踊ろうぜ。

□ 131 hope

活用 hope-hoped-hoped

[hóup] ホウプ　動 ～を望む

I hope that he will like it.

夜
このドレス
気に入ってくれると
いいのだけど…
半太さん
さあ 踊りま…

▷気に入ってくれるといいんだけど。

□ 132 each

[íːtʃ] イーチ　代 それぞれ
形 それぞれの

Each of us has our own idea.

I ♥ SASA
オレ様達には
それぞれ自分の考え
ってもんがあるからな
そのドレス
似合うぞ
このまま
踊ろうぜ!!
きゅん…
リズの
甘ずっぱい
思い出

▷オレたちにはそれぞれ、
自分の考えってもんがあるからな。

STEP 1

□ 133 night

[náit] ナイト | 名 夜

ナイトヴューがきれいだぜ
……

The night view is so beautiful.

▷夜景がきれいだぜ。

□ 134 different

[dífrənt] ディフラント | 形 違った

…池面
今日はすごく
雰囲気 違う…
ドキッ♥
えっ

You look so different today.

▷今日はすごく雰囲気、違うな
(あなたは今日とても違って見える)。

□ 135 mean

活用 mean-meant-meant

[míːn] ミーン | 動 ～を意味する

そ…それは
どういう意味だ!?
ドキドキ
暗いところだと
より
モンスター感が…
そういうことだと
思ったぜ!!
一応少しは
学習している池面

What does it mean?

▷それ、どういう意味だ？

□ 136 again

[əgén] アゲン ┊ 副 再び，また

I hope to see you again.

▷またお会いしましょう。

1学期終業式
じゃあ みんな 夏休みを 楽しむように！
登校日に また 会いましょう

□ 137 sing

活用 sing-sang-sung

[síŋ] スィング ┊ 動 ～を歌う

I will sing a love song for you.

▷お前のためにラブソングを歌ってやるよ。

よし 登校日までに 歌を練習するぜ!!
お前のために ラブソングを スィングして やるよ
キャー ステキな歌！ 結婚して!!
18歳までは 待とうぜ
そんな ところも ステキ♥

□ 138 hello

[helóu] ヘロゥ ┊ 間 やあ，こんにちは，もしもし

Hello, is anyone here?

▷やあ、誰かいるかい？

登校日
よお!! 誰かいるか!?
登校日を間違えた

139 bus

[bʌ́s] バス　名 バス

白鳥 一緒にバストリップに行こうぜ
断る!!

Let's go on a bus trip.

▷一緒にバス旅行に行こうぜ。

140 sure

[ʃúər] シュア　形 確信して

お前は絶対に来る!
これを見たらな
ス…ッ
はぁ!? そんなわけ――…

I am sure that you will come.

▷お前は絶対に来る。

141 park

[pɑ́ːrk] パーク　名 公園

ドーン!!
くリズ
今度のバス旅行楽しみです
集合場所のパークでおまちしておりますわ
行くわ。
リズちゃんいるなら

I will be waiting for you at the park.

▷公園でお待ちしておりますわ。

142 cook

活用 cook-cooked-cooked

[kú:k] クック

動 ～を料理する
名 料理人

I will cook dinner for you.

▷お前のために、夕食はオレ様が料理してやるよ。

お前のために夕食はオレ様がクックしてやるよ
げっ

143 as

[əz] アズ

接 ～と同じくらい，(as ～ as ～で) ～と同じくらい～

Don't you like "sasa" as much as I do?

▷お前もオレと同じくらい笹が好きだろ？

これは絶対…
お前もオレ様と同じくらい笹が好きだろ？
笹竹フルコース!!
もう私おなかいっぱいだから！
なんだ残念だな

144 teach

活用 teach-taught-taught

[tí:tʃ] ティーチ

動 ～を教える

I can teach you French, too.

▷オレ様ならフランス語だって教えてやれるぜ。

せっかくフレンチにしたのに
あっ!! 急におなかすいてきた!!
く…っおいしい…!!
最近フランスがマイブームでな今のオレ様ならフランス語もティーチできるぜ
そういや池面一応スパダリ設定だったな…

□ 145 month

[mʌ́nθ] マンス　名 （こよみの）月

I was busy last month.

▷先月はオレ、忙しかったなぁ。

ラストマンスはオレ様忙しかったなぁ
何してたの？

□ 146 difficult

[dífikʌ̀lt] ディフィカルト　形 難しい

It's very difficult to explain.

▷説明するのは、かなり難しいぜ。

白鳥がオレ様に関心を…!! よし もっと話題をひっぱろう！
説明するのはかなりディフィカルトだぜ

□ 147 story

[stɔ́:ri] ストーリィ　名 物語

It's a long story.

▷長い話なんだよ。

長い話なんだよ
じゃあいいや
もっとねばってくれよォ!!

148 dog

[dɔ́ːg] ドーグ　名 犬

マイドッグは
ほんとかわいいん
ですのよ！

My dog is so cute.

▷うちの犬、ほんとにかわいいの。

149 ago

[əgóu] アゴゥ　副 ～前に

あたくしが彼に
最初に会ったのは
ずっと前なんですのよ
特別にその時の
写真を見せて
さしあげますわ！
きゃ～
楽しみ～♥

I first met him a long time ago.

▷あたくしが彼に最初に会ったのは、
ずっと前なんですのよ。

150 little

[lítl] リトゥル　形 小さい

リズちゃん
あなたってなんて
リトルなの～!!
ちょっと!!
くっつきすぎですわよ!!

You are so little!

▷あなたってなんて小さいの！

□ 151 yesterday

[jéstərdèi] イェスタァデイ | 副 昨日（は）

昨日は助かったぜ池面！
あんた昨日どこにいたの？
サッカー部の助っ人で試合出てた
ええッ!?

Where were you yesterday?

▷昨日はどこにいたの？

□ 152 soccer

[sάkər] サッカァ | 名 サッカー

オレ様サッカーがうまいんだよ
嘘でしょ!?
イヤすごい活躍だったよ
ほら！

I am good at playing soccer.

▷オレ、サッカーがうまいんだよ。

□ 153 everyone

[évriwʌ̀n] エヴリィワン | 代 みんな

池面にボールを集めろー!!
エヴリワンから必要とされてるのさ
それは選手としてじゃなく
マスコットとしてでは…!?

Everyone needs me.

▷オレはみんなから必要とされている。

154 tree

[tríː] トゥリー　名 木

オレ様 小さな頃はよく木登りしたんだよ
へー…
そーなんだー
ピィッ
ピィッ
グラッ
!!

I used to climb trees when I was little.

▷オレ、小さな頃はよく木登りをしたんだよ。

155 man

複数形 men

[mǽn] マン　名 男の人

I am a brave man.

▷オレは勇敢な男なのさ。

今助けるぜ!!
ピィ
ザザザ
池面!? 危ないぞ!!
構わねえよ
オレ様は勇敢な男なのさ
きゃ〜〜♥

156 same

[séim] セイム　形 同じ

やっぱ池面はイケメンだな!!
わあっ
オレ様も同じ気持ちだよ
今日も世界は平和です
ピィピィ

I feel the same way.

▷オレも同じ気持ちだよ。

□ 157 music

[mjúːzik] ミューズィック | 名 音楽

Music is a universal language.

ミュージックは世界共通の言葉さ
ジャカジャカ
ジャーン

▷音楽は世界共通の言葉さ。

□ 158 put

活用 put-put-put

[pút] プット | 動 ～を置く

Put your bag here.

車には気をつけろ
カバンはここにプットしろよ
楽しく勉強しようぜ
WoW WoW
変わった歌詞だな…

▷カバンはここに置けよ。

□ 159 song

[sɔ́ːŋ] ソーング | 名 歌

Don't sing the school song here!

池面！こんなところで校歌歌わないでよ!!
いや学校のPR頼まれたんだが!!
校歌だったの!?

▷こんなところで校歌を歌わないでよ！

□ 160 remember

活用 remember-remembered-remembered

[rimémbər] リメンバァ

動 ～を覚えている，思い出す

オレ様達が初めて会った日のことリメンバーしてるぜ
私はとっくに忘れたわ

I remember the day when we first met.

▷オレたちが初めて会った日のこと、覚えているぜ。

□ 161 problem

[prɑ́bləm] プラブラム

名 問題

ノープロブレムだ オレ様が思い出させてやる
クイッ

There is no problem.

▷問題ないさ。

□ 162 only

[óunli] オウンリィ

形 ただ1つの
副 ただ～だけ

オレ様達はあの日一目で恋におちたんだ
好きなのはお前だけさ
私も!!
ねつ造するな!!

You are the only one that I love.

▷好きなのはお前だけさ。

STEP 1

□ 163 usually

[júːʒuəli] ユージュアリィ | 副 たいていは，ふつうは

はあ…
ハンナ
食欲ないなら
これはどうだ？
オレ様はユージュアリィ
朝食にこれ食べてるんだ

I usually eat this for breakfast.

▷オレはたいてい朝食にこれを食べているんだ。

□ 164 drink

活用 drink-drank-drunk

[dríŋk] ドゥリンク | 動 ～を飲む

冷たい水をドリンク
するのは体によくないぜ
ぱっ
……
ぱっ
悩みごとが
あるなら聞くぞ

Drinking cold water is not good for your health.

▷冷たい水を飲むのは体に良くないぜ。

□ 165 begin

活用 begin-began-begun

[bigín] ビギン | 動 ～を始める，始まる

すっ
いつも気にかけて
くれてありがとう
ございます　お兄様
体型のことを
悩んでいたのだけど…
ダイエットは明日から
ビギンしましょう
池面　妹には過保護

I will begin my diet tomorrow.

▷ダイエットは明日から始めますわ。

166 part

[pɑ́ːrt] パート　名 部分

私この本のこの部分好きなんだー

I like this part of the book.

▷この本の、この部分が好きなんだ。

167 best

[bést] ベスト　形 最もよい　副 最もよく

あなたはあたくしの親友ですわ
ニコニコニコニコニコ
……

You are my best friend.

▷あなたはあたくしの親友ですわ。

168 activity

[æktívəti] アクティヴィティ　名 活動

今日は放課後に部活動があるので失礼しますっ!!
ダッ
えっ放課後って今だよね!?
というかリズちゃん部活してたっけ!?

I have club activities after school today.

▷今日は放課後、部活動があります。

□ 169 send

活用 send-sent-sent

[sénd] センド ｜ 動 ～を送る

タクシーで家まで送ってやるよ
おごってもらえるならいいか…

I will send you home by taxi.

▷タクシーで家まで送ってやるよ。

□ 170 keep

活用 keep-kept-kept

[kí:p] キープ ｜ 動 ～を保つ，自分のものにする

キープ ザ チェンジ

Keep the change.

▷釣りはいらないぜ（お釣りはとっておいて）。

□ 171 club

[klʌ́b] クラブ ｜ 名 クラブ，部

え？ オレ様のファンクラブに入りたいのか？
まあ気持ちはわかるが…
さすが世界的大人気の動物…

Do you want to join my fan club?

▷オレ様のファンクラブに入りたいのか？

□ 172 summer

[sʌ́mər] サマァ | 名 夏

池面 お前 この夏は どんな予定なんだ？

What are your plans for this summer?

▷お前、この夏はどんな予定なんだ？

□ 173 change

活用 change-changed-changed

[tʃéindʒ] チェインヂ | 動 ～を変える, ～を乗り換える

ぴくっ
オレ様 髪の色を チェンジしたいんだよな

I want to change my hair color.

▷オレ、髪の色を変えたいんだよな。

□ 174 example

[igzǽmpl] イグザンプル | 名 例

池面は 炭っぽい色が 似合うと思う!!
濃い コーヒー色は!?
カラス色とか どう!?
例は1つで 十分だ!!
結局 色は そのままになった

One example is enough.

▷例は１つで十分だ。

□ 175 bad

[bǽd] バッド　形 悪い

リズ お前が思うほど
あいつは
バッドなやつじゃないぜ

She is not as bad a person as you think.

▷お前が思うほど、彼女は悪い奴じゃないよ。

□ 176 worry

活用 worry-worried-worried

[wə́:ri] ワーリィ　動 心配する

オレ様のことは
心配するな
半太さん…

Don’t worry about me.

▷オレのことは心配するな。

□ 177 sport

[spɔ́:rt] スポート　名 スポーツ

池面！ 今から
限定スイーツ
買ってきて!!
短距離走か
どんな
スポーツでも
オレ様は得意なんだ
任せとけ
半太さん本当に
それでいいのですか!?

I am good at playing any kind of sport.

▷どんなスポーツでも、オレは得意なんだよ。

STEP 1

□ 178 tennis

[ténis] テニス ┊ 名 テニス

白鳥テニスしないか?
あんた テニスなんて やったことあんの?
ない!! 興味も なかった
なんで そんなのに 誘うのよ!!

Have you ever played tennis before?

▷あんた、テニスなんてやったことあんの？

□ 179 interested

[íntrəstid] インタラスティド ┊ 形 興味がある, (be interested in ～で) ～に興味がある

興味があるんだ テニスウェアの お前に!!

I am interested in you!

▷お前に興味があるんだよ！

□ 180 even

[íːvən] イーヴァン ┊ 副 ～でさえ

なんでもできる オレ様でさえ 間違うことはあるさ…!!
※道具は大切にしましょう

Even I make mistakes sometimes.

▷オレ様でさえ、間違うことはあるさ。

STEP 1

181 ask

活用 ask-asked-asked

[ǽsk] アスク　動 ～をたずねる，聞く

……
どうした白鳥？
質問あるならなんでも聞いてくれていいぜ

You can ask me anything.

▷何でも聞いてくれていいぜ。

182 today

[tədéi] トゥデイ　名 今日　副 今日（は）

なんで今日はサングラスしてるわけ？
目立たないようにだな

Why are you wearing sunglasses today?

▷なんで今日はサングラスしてるわけ？

183 picture

[píktʃər] ピクチャァ　名 写真，絵

すみませーんあのぅ…
オレ様と一緒にピクチャーを撮りたいのかよ？
やっぱサングラスだけじゃオーラは隠せねえか
むしろそれで目立ってるんだよ…!!

Do you want to take a picture with me?

▷オレと一緒に写真を撮りたいのかよ？

184 practice

活用 practice-practiced-practiced

[prǽktis] プラクティス

動 ～を練習する
名 練習

オレ様今日はピアノのプラクティスしないといけないんだよ

I have to practice the piano today.

▷オレ、今日は
ピアノの練習しないといけないんだよ。

185 room

[rú:m] ルーム

名 部屋

ピアノって自分の部屋にあるの？
マイルームを見たいのか？
いや全然

Do you want to see my room?

▷オレの部屋を見たいのか？

186 soon

[sú:n] スーン

副 すぐに

そんなこと言うなって!! うち スゲーんだから!!
オレ様の部屋で近いうちに会おうぜ!!
スタスタ
スタスタ
歩みがまったくブレねぇ…!!
スタスタ
スタ

See you soon!

▷近いうちに会おうぜ！

□ 187 lunch

[lʌ́ntʃ] ランチ | **名** 昼食

海に行こうぜ！
ランチはオレ様のおごりだ!!
かかる費用全部おごりなら行ってあげる
というわけでなんとかデート？にこぎつけた
ザザァ…ン

Lunch is on me!

▷昼食はオレのおごりだ！

□ 188 often

[ɔ́ːfən] オーフン | **副** よく，しばしば

あんた ここにはよく来るの？
たまにな
おっ！

Do you come here often?

▷あんた、ここにはよく来るの？

□ 189 sound

(活用) sound-sounded-sounded

[sáund] サウンド | **名** 音 **動** ～に聞こえる

聞こえるぜ海の声…
お前にも波のサウンドが聞こえるか？
耳の位置の違和感がすごいな…!!
ザザァ…ン

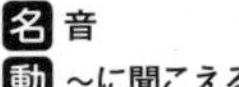

Can you hear the sound of waves?

▷お前にも波の音が聞こえるかい？

□ 190 town

[táun] タウン | 名 町

I like this town because you are here.

キミがいるから
オレはこのタウンが好きなんだ

▷キミがいるから、オレはこの町が好きなんだ。

□ 191 always

[ɔ́ːlweiz] オールウェイズ | 副 いつも

We will always be here for you.

オレ達はオールウェイズここにいるぜ
キミのために

▷オレたちはいつでもここにいるぜ、キミのために。

□ 192 station

[stéiʃən] ステイション | 名 駅

I walked to the train station today.

今日は駅まで歩いてきたぜ
あんたお坊ちゃんなのに車じゃないの?
この町は治安がいいからいいんだ
ふぅん
池面がいることで町が平和なのを彼は知らない

▷今日は駅まで歩いてきたぜ。

□ 193 movie

[múːvi] ムーヴィ　名 映画

あら 白鳥さん ごきげんよう
あたくし 彼と 映画を観ているん ですのよ

I am watching a movie with him.

▷あたくし、彼と映画を観ているんですのよ。

□ 194 stop

活用 stop-stopped-stopped

[stáp] スタップ　動 ～を止める，止まる，(stop ～ ing で) ～するのをやめる

お前を 愛することを ストップできないぜ
えっ 池面!?

I can't stop loving you.

▷お前を愛することをやめられないぜ。

□ 195 father

[fáːðər] ファーザァ　名 父

前にも話したが マイファーザーは 映画会社の 社長なんだ
やり手 ですのよ！
それで息子の 主演映画を…
親バカの スケールが違う

My father is the president of the company.

▷オレのおやじは会社の社長なんだよ。

□ 196 country

[kʌ́ntri] カントゥリィ　名 国

What country are you from?

▷どこの国から来たのよ？

オレ様の昔の写真が出てきたぜ
あんたどこの国から来たのよ!?

□ 197 answer

活用 answer-answered-answered

[ǽnsər] アンサァ　動 ～に答える　名 答え

Answer my question!

▷私の質問に答えなさいよ！

ミステリアスなほうが魅力的だと思わないか？
イラッ
私の質問に答えなさいよ!!

□ 198 course

[kɔ́ːrs] コース　名 コース，進路講座

Let's take the summer course together.

▷夏期講習、一緒に受けましょう。

そうやってオレ様のことで頭いっぱいにすればいい…
クス…
あっ リズちゃーん！夏期講習一緒に受けよ～!!
お断りしますわっ!!
お前はそういう女だよな!!

□ 199 speak

活用 speak-spoke-spoken

[spíːk] スピーク　動 ～を話す

耳元で小さな声で話してくれよ
ぐきっ
…
耳の位置のせいで首寝違えたみたいになってる

Speak quietly in my ear.

▷耳元で、小さな声で話してくれよ。

まとめて覚えるコーナー 数字❶

□ 200 zero [zírou] ズィロウ	0(の)
□ 201 one [wʌ́n] ワン	1(の)
□ 202 two [túː] トゥー	2(の)
□ 203 three [θríː] スリー	3(の)
□ 204 four [fɔ́ːr] フォー	4(の)
□ 205 five [fáiv] ファイヴ	5(の)
□ 206 six [síks] スィックス	6(の)
□ 207 seven [sévən] セヴン	7(の)
□ 208 eight [éit] エイト	8(の)
□ 209 nine [náin] ナイン	9(の)
□ 210 ten [tén] テン	10(の)

I have one little sister.
(妹が１人いるぜ)

まとめて覚えるコーナー 数字❷

□ 211 **eleven** [ilévən] イレヴァン	11(の)
□ 212 **twelve** [twélv] トゥウェルヴ	12(の)
□ 213 **thirteen** [θə̀ːrtíːn] サーティーン	13(の)
□ 214 **fourteen** [fɔ̀ːrtíːn] フォーティーン	14(の)
□ 215 **fifteen** [fìftíːn] フィフティーン	15(の)
□ 216 **sixteen** [sìkstíːn] スィックスティーン	16(の)
□ 217 **seventeen** [sèvəntíːn] セヴンティーン	17(の)
□ 218 **eighteen** [èitíːn] エイティーン	18(の)
□ 219 **nineteen** [nàintíːn] ナインティーン	19(の)
□ 220 **twenty** [twénti] トゥウェンティ	20(の)

I'm sixteen years old!
(私は16歳です)
JK最高!!

まとめて覚えるコーナー 数字❸

□ 221 thirty [θə́ːrti] サーティ	30(の)
□ 222 forty [fɔ́ːrti] フォーティ	40(の)
□ 223 fifty [fífti] フィフティ	50(の)
□ 224 sixty [síksti] スィックスティ	60(の)
□ 225 seventy [sévənti] セヴンティ	70(の)
□ 226 eighty [éiti] エイティ	80(の)
□ 227 ninety [náinti] ナインティ	90(の)
□ 228 hundred [hʌ́ndrəd] ハンドゥラッド	100(の)
□ 229 thousand [θáuznd] サウザンド	1000(の)
□ 230 million [míljən] ミリャン	100万(の)
□ 231 billion [bíljən] ビリャン	10億(の)

Q. おこづかいはいくら？

Five thousand yen. (5千円)
One million yen. (100万円)
One hundred thousand yen. (10万円)
アンタら おかしくない!?

STEP 1

まとめて覚えるコーナー 数字❹

□ 232 (the) first [fə́ːrst] ファースト	1番目(の)
□ 233 (the) second [sékənd] セカンド	2番目(の)
□ 234 (the) third [θə́ːrd] サード	3番目(の)
□ 235 (the) fourth [fɔ́ːrθ] フォース	4番目(の)
□ 236 (the) fifth [fífθ] フィフス	5番目(の)
□ 237 (the) sixth [síksθ] スィックスス	6番目(の)
□ 238 (the) seventh [sévənθ] セヴンス	7番目(の)
□ 239 (the) eighth [éitθ] エイトゥス	8番目(の)
□ 240 (the) ninth [náinθ] ナインス	9番目(の)
□ 241 (the) tenth [ténθ] テンス	10番目(の)

I won first prize.
(1等賞を取ったぜ)
笹早食いレースの…な
それ何!?

まとめて覚えるコーナー 数字 ❺

□ 242	**(the) eleventh** [ilévənθ] イレヴァンス	11番目(の)
□ 243	**(the) twelfth** [twélfθ] トゥウェルフス	12番目(の)
□ 244	**(the) thirteenth** [θə̀ːrtíːnθ] サーティーンス	13番目(の)
□ 245	**(the) fourteenth** [fɔ̀ːrttíːnθ] フォーティーンス	14番目(の)
□ 246	**(the) fifteenth** [fíftíːnθ] フィフティーンス	15番目(の)
□ 247	**(the) sixteenth** [sìkstíːnθ] スィックスティーンス	16番目(の)
□ 248	**(the) seventeenth** [sèvəntíːnθ] セヴンティーンス	17番目(の)
□ 249	**(the) eighteenth** [èitíːnθ] エイティーンス	18番目(の)
□ 250	**(the) nineteenth** [nàintíːnθ] ナインティーンス	19番目(の)
□ 251	**(the) twentieth** [twéntiəθ] トゥウェンティアス	20番目(の)

My birthday is September twelfth.
(私の誕生日は、9月12日ですわ)
乙女座!! カワイー

STEP 1

まとめて覚えるコーナー 曜日

□ 252 **Sunday** [sʌ́ndei] サンデイ	日曜日
□ 253 **Monday** [mʌ́ndei] マンデイ	月曜日
□ 254 **Tuesday** [tú:zdei] トゥーズデイ	火曜日
□ 255 **Wednesday** [wénzdei] ウェンズデイ	水曜日
□ 256 **Thursday** [θə́:rzdei] サーズデイ	木曜日
□ 257 **Friday** [fráidei] フライデイ	金曜日
□ 258 **Saturday** [sǽtərdèi] サタァデイ	土曜日

It's Friday today♪
(今日は金曜日)
楽しそうだな
かわいいやつだぜ
土日は池面に会わずにすむ♪

まとめて覚えるコーナー時間表現

☐ 259 **second** [sékənd] セカンド	秒
☐ 260 **minute** [mínit] ミニット	分
☐ 261 **hour** [áuər] アウア	時間
☐ 262 **day** [déi] デイ	日
☐ 263 **week** [wíːk] ウィーク	週
☐ 264 **month** [mʌ́nθ] マンス	月
☐ 265 **year** [jíər] イア	年

オレ様は1分に一度
お前のことを考えてる

An hour has sixty minutes.
（1時間は60分だ）

つまり1時間に60回だ！

ふーん

まとめて覚えるコーナー 月

□ 266 **January** [dʒǽnjuèri] ヂャヌエリィ	1月
□ 267 **February** [fébjuèri] フェビュエリィ	2月
□ 268 **March** [mɑ́:rtʃ] マーチ	3月
□ 269 **April** [éiprəl] エイプラル	4月
□ 270 **May** [méi] メイ	5月
□ 271 **June** [dʒú:n] ヂューン	6月
□ 272 **July** [dʒu:lái] ヂュライ	7月
□ 273 **August** [ɔ́:gəst] オーガスト	8月
□ 274 **September** [septémbər] セプテンバァ	9月
□ 275 **October** [ɑktóubər] アクトウバァ	10月
□ 276 **November** [nouvémbər] ノウヴェンバァ	11月
□ 277 **December** [disémbər] ディセンバァ	12月

Panda's
1000 English Words
STEP 2
基礎レベル
の単語
ここまで
クリアした
お前なら大丈夫
自信もって
トレーニングだ

STEP 2

□ 278 sit

活用 sit-sat-sat

[sít] スィット ｜ 動 座る

Sit next to me.

オレ様の隣に座れよ白鳥

▷オレの隣に座れよ。

□ 279 another

[ənʌ́ðər] アナザァ ｜ 形 もうひとつの

Do you want another kiss?

もうひとつキスが欲しいのか？
まあもらってやってもいいけど
キ…キス!?

▷もうひとつキスが欲しいのか？

□ 280 away

[əwéi] アウェイ ｜ 副 離れて

Stay away from him!

彼から離れてください！
リズちゃん!?
kiss
鱚
そんな…ベタな…!!

▷彼から離れてください！

□ 281 birthday

[bə́ːrθdèi] バースデイ | 名 誕生日

はっ
誕生日に何が欲しいんだ？
げっ

What do you want for your birthday?

▷誕生日に何が欲しいんだ？

□ 282 car

[kɑ́ːr] カー | 名 車

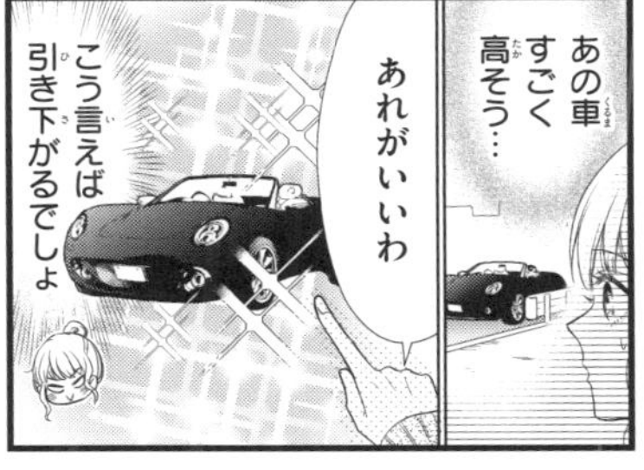

あの車すごく高そう…
あれがいいわ
こう言えば引き下がるでしょ

That car must be very expensive.

▷あの車、すごく高そう。

□ 283 smile

活用 smile-smiled-smiled

[smáil] スマイル | 名 ほほえみ 動 ほほえむ

あんなもんでいいのか？
ウソウソいらないから！
遠慮するなお前の笑顔でオレは幸せになれるのさ
こわいこわい!!

Your smile makes me happy.

▷お前の笑顔でオレは幸せになれるのさ。

STEP 2

STEP 2

□ 284 join

活用 join-joined-joined

[dʒɔ́in] ヂョイン | **動** 〜に加わる

白鳥さん！
オレたちといっしょに
やろうぜ　バスケ！
楽しそう！

Come and join us!

▷オレたちといっしょにやろうぜ。

□ 285 team

[tíːm] ティーム | **名** チーム

このチームの
リーダーはオレ様だ

I'm the leader of this team.

▷このチームのリーダーはオレ様だ。

□ 286 basketball

[bǽskitbɔ̀ːl] バスキットゥボール | **名** バスケットボール

I'm not very good at playing basketball.

私　バスケットボールは
苦手なのよね
ごめんなさい！
ドンマイ
池面

▷私、バスケットボールは苦手なのよね。

□ 287 wait

活用 wait-waited-waited

[wéit] ウェイト　動 待つ，(wait for ～で) ～を待つ

白鳥専用の電話だ
お前からの電話
待ってるぜ

I'll be waiting for your call.

▷お前からの電話、待ってるぜ。

□ 288 later

[léitər] レイタァ　副 あとで

私の番号登録したいし
少し預かっていい？
後でやっておくよ

I'll do it later.

▷後でやっておくよ。

□ 289 language

[lǽŋgwidʒ] ラングウィッヂ　名 言語

I go to a language school every Monday.

▷オレ、毎週月曜は語学学校に通ってるんだよ。

○○英会話スクール
です
オレ様 毎週月曜は
語学学校に
通ってるんだよ
浄水器のレンタル
ご希望ありがとう
ございます
怪しいサイトに
電話番号を登録された
いらない
から…

STEP 2

□ 290 hand

[hǽnd] ハンド  名 手

オレ様の手を握ってくれ
…

Hold my hand.

▷オレの手を握ってくれ。

□ 291 light

[láit] ライト 名 光，明かり
形 明るい，軽い

恥ずかしいから灯りを消してよ
相変わらずシャイだなわかったぜ
パチッ

Turn off the light.

▷灯りを消してよ。

□ 292 sometimes

[sʌ́mtàimz] サムタイムズ 副 ときどき

しーん
オレ 時々寂しい気持ちになるんだ…
時々で済むのがすごいよ

I feel lonely sometimes.

▷オレ、時々寂しい気持ちになるんだ。

□ 293 dinner

[dínər] ディナァ | 名 夕食

あたくし昨晩は夕食を食べなかったんですの

I didn't have dinner last night.

▷あたくし、昨晩は夕食を食べなかったんですの。

□ 294 sea

[síː] スィー | 名 海

じゃあ海のそばのカフェに連れてってやるよ
もちろんオレ様のおごりだ
やったー!!

I'm taking you to a café by the sea.

▷海のそばのカフェに連れてってやるよ。

□ 295 decide

活用 decide-decided-decided

[disáid] ディサイド | 動 ～を決める

MENU
ご注文はお決まりですか？
ふ…ふらぺちーのはにーくりーむ…
お嬢様リズカフェの呪文初体験

Have you decided your order?

▷ご注文はお決まりですか？

□ 296 member

[mémbər] メンバァ | 名 メンバー，一員

HANTA FANCLBE member'sCARD
あたくし彼のファンクラブのメンバーですの！
白鳥も入るか？
本当にあったの!?
池面のファンクラブ!?

I'm a member of his fan club.

▷あたくし、彼のファンクラブのメンバーですの。

□ 297 large

[lá:rdʒ] ラーヂ | 形 大きい

Tシャツ
SIZE 3L 5L
HANTA
スマホケース
グッズ展開すご…
てかこのTシャツ大きすぎるわ

This T-shirt is too large.

▷このTシャツ、大きすぎるわ。

□ 298 wonderful

[wʌ́ndərfəl] ワンダァフル | 形 すばらしい

ブランケットも兼ねてるんだエコだろ？
彼は素晴らしい方ですわ！
いや普通にブランケットも作りなよ…

He is a wonderful person.

▷彼は素晴らしい方ですわ。

STEP 2

299 still

[stíl] スティル | 副 まだ

I'm still doing my homework.

▷私、まだ宿題やってるんだよね。

私 まだ宿題やってるんだよね
英語なら僕が教えようか
ありがとー!!

300 move

活用 move-moved-moved

[mú:v] ムーヴ | 動 ～を動かす，引っ越す

Don't worry, I'm not planning to move.

▷心配するなよ、僕は引っ越す予定はないよ。

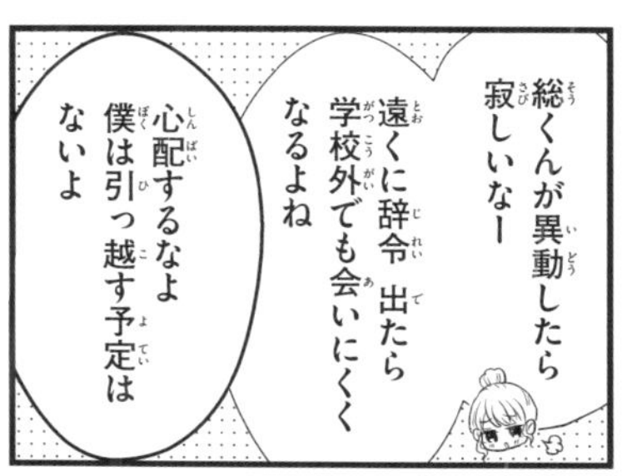

総くんが異動したら寂しいなー
遠くに辞令 出たら学校外でも会いにくくなるよね
心配するなよ 僕は引っ越す予定はないよ

301 favorite

[féivrit] フェイヴリット | 形 いちばん好きな 名 お気に入り

The view from here is my favorite.

▷ここからの眺めがいちばん好きだ。

僕はここからの眺めがいちばん好きだ
何がなんでも異動しないぞ…!
怖っ!!

□ 302 bag

[bǽg] バッグ 名 かばん，袋

Oh!
There is a hole in the bag.

▷わあ！　このかばん、穴が空いてる。

このバッグ 穴が空いてる！
すごいデザイン…

□ 303 surprised

[səʳpráizd] サァプライズド 形 驚いた

Boo!
Are you surprised?

▷ばあ！　びっくりしたか？

ばあ！
びっくりしたか？

□ 304 easy

[íːzi] イーズィ 形 簡単な

It's easy for me to answer the question.

▷その質問に答えるのは簡単よ。

その質問に答えるのは簡単よ
びっくりした…ではなく
殺意が沸いたわ!!
この後 もちろん怒られた

□ 305 festival

[féstəvəl] フェスタヴァル | 名 祭り

私雪まつりって行ったことないんだよね
って言ったら連れて来られた

I've never been to the snow festival before.

▷私、雪まつりって行ったことないんだよね。

□ 306 white

[wait] ワイト | 形 白い

この雪像オレ様のおすすめだ！
白いドレスがすごく似合ってるぜ
寒い寒い!!
雪像で記念写真

You look great in your white dress.

▷白いドレスがすごく似合ってるぜ。

□ 307 future

[fjúːtʃər] フューチャア | 名 未来, 将来

結婚式の予行演習だ
お前は将来オレの妻になるのさ
セリフも寒い!!

You will be my wife in the future.

▷お前は将来、オレの妻になるのさ。

308 young

[jʌ́ŋ] ヤング　**形** 若い

うちの母 年のわりに若く見えるんだよ
池面母…？
パンダ
or
人間？

My mother looks young for her age.

▷うちの母、年のわりに若く見えるんだ。

309 baseball

[béisbɔ̀:l] ベイスボール　**名** 野球

こないだ「野球の試合を見に行こうぜ」ってナンパされてたし

Let's go to see a baseball game.

▷野球の試合を見に行こうぜ。

310 brother

[brʌ́ðər] ブラザァ　**名** 兄，弟

一時帰国してオレ様と一緒に歩いてたら
彼はあなたの弟ですか？って…
younger brother？
だめだ想像力の限界を超えてる!!

Is he your younger brother?

▷彼はあなたの弟ですか？

□ 311 library

[láibrèri] ライブレリィ　名 図書館，図書室

昨日 ライブラリーで
お前のこと 見かけたぜ
すごい騒ぎだったな
キャー
キャー

I saw you in the library yesterday.

▷昨日、図書館でお前のこと、見かけたぜ。

□ 312 popular

[pápjulər] パピュラァ　形 人気のある

オレ 最近すごい
ポピュラーだからなぁ
周りの迷惑になるし
ひと気の少ない場所に
行くか…

I'm very popular these days.

▷オレ、最近すごい人気だからなぁ。

□ 313 down

[dáun] ダウン　副 下へ

池面――っ!
危ないぞ――!
ここに下りて
きなさい!
どこにいても騒がれて
困っちまうぜ…!

Come down here!

▷ここに下りてきなさい!

□ 314 cold

[kóuld] コウルド

形 寒い，冷たい
名 かぜ

この部屋 寒いか？
ガタ
ガタ

Is this room cold?

▷この部屋、寒いか？

□ 315 open

活用 open-opened-opened

[óupn] オウプン

動 ～を開ける
形 開いている

オレ様暑いんだけど 少し窓を開けていいか？
やめて!!

Can I open the window?

▷窓を開けていいか？

□ 316 care

[kéər] ケァ

名 注意，世話
(take care of ～で) ～を世話する／～に気をつける

オレ様は鍛えてるから 寒さにも強いんだ
白鳥も自分のこと 気をつけろよ
ポン
あんたが寒くないのは 毛皮のお陰でしょ！

Take care of yourself.

▷自分のこと、気をつけろよ。

317 lose

活用 lose-lost-lost

[lúːz] ルーズ　動 ～をなくす，～に負ける

オレ体重を少しへらしたんだ
そのくらいでオレ様に勝てると思うなよ

I lost some weight.

▷オレ、体重を少しへらしたんだ。

318 swim

活用 swim-swam-swum

[swím] スウィム　動 泳ぐ

オレ様が本物の泳ぎ方を教えてやるよ!!
犬かき…!!

I can teach you how to swim.

▷泳ぎ方を教えてやるよ。

319 culture

[kʌ́ltʃər] カルチャア　名 文化

負けたよ変わった泳法だな池面
外国人コーチから学んだんだ
国が違えば文化も違うってことさ
それ以前に種族が違う

Different countries have different cultures.

▷国が違えば、文化も違うってことさ。

STEP 2

□ 320 clean

活用 clean-cleaned-cleaned

[klíːn] クリーン　動 ~をそうじする　形 清潔な，きれいな

かれん！あんた 自分の部屋を掃除しなさいよ
ママ…まだ大丈夫だってば…
清掃業者呼んだわよ！
池面!?

You have to clean up your room.

▷あんた、自分の部屋を掃除しなさいよ。

□ 321 job

[dʒáb] ヂャブ　名 仕事

あんたバイトしなくてもいいでしょ！
オレ新しい仕事を探してるんだ
自分の事業以外の経験を積みたくてな

I'm looking for a new job.

▷オレ、新しい仕事を探してるんだ。

□ 322 letter

[létər] レタァ　名 手紙

清掃費いくらなの？
金はいらない
代わりにオレにラブレターを書いてくれよ
ポッ
ちゃんと自分で掃除した

Please write me a love letter.

▷オレにラブレターを書いてくれよ。

□ 323 restaurant

[réstrənt] レストゥラント ┊ 名 レストラン

白鳥
レストランの席
予約したぜ
おごりなら行くわ

I booked a table at the restaurant.

▷レストランの席、予約したぜ。

□ 324 party

[pá:rti] パーティ ┊ 名 パーティー

レストラン
ハッピーバースデー！
本日パーティーで
貸し切りです！
これ 誰の
誕生日パーティー
なの？
白鳥の誕生日って
今日じゃなかったのか!?

Whose birthday party is this?

▷これ、誰の誕生日パーティーなの？

□ 325 earth

[ə́:rθ] アース ┊ 名 (the earth で) 地球

見知らぬ誰かの
誕生日さ
オレたちはみんな
地球に住んで
いるんだ
同じ地球人として
祝うのは当然だぜ
なんとかごまかした

We all live on the earth.

▷オレたちはみんな地球に住んでいるんだ。

□ 326 player

[pléiər] プレイア　名 選手，プレーヤー

白鳥さん
あなたの好きな
サッカー選手って誰？
特にいないけど
鍛えてる人って
かっこいいよね
ぴくっ

STEP 2

Who is your favorite soccer player?

▷あなたの好きなサッカー選手って誰？

□ 327 win

活用 win-won-won

[wín] ウィン　動 ～に勝つ，（賞など）を獲得する

つまり鍛えてるオレ様は
かっこいいと!?
ずっと
負け続けてた
恋愛ゲーム…
この試合
オレが勝つぜ！

I'm going to win this game.

▷この試合、オレが勝つぜ。

□ 328 sorry

[sári] サリィ　形 すまなく思って

白鳥はオレ様のこと
好きだったんだな
気づかず
待たせていて
すまない
てれっ
何がどうして
そうなった!?

I'm sorry to keep you waiting.

▷待たせていて、すまない。

329 sister

[sístər] スィスタァ　名 姉，妹

My sister is so pretty.

オレ様のシスターはかわいいんだよ
見せて見せて！

▷オレの妹、かわいいんだよ。

330 grow

活用 grow-grew-grown

[gróu] グロゥ　動 成長する，～を育てる

Children grow up so fast.

子どもの成長って早いよな…
ハンナ 5さい
おばあちゃんのクッキーが好き
ハンナ 10さい
やっぱりおばあちゃんのクッキーが好き
中学生になっても好き
高校生でも好き

▷子どもの成長って早いよな。

331 grandmother

[grǽndmʌ̀ðər] グランドマザァ　名 祖母

I want to eat my grandmother's homemade cookies.

おばあちゃんの手作りクッキーが食べたいぜ
パンダって成長早いんだな…
四年くらいで大人と同じサイズになるそうです

▷おばあちゃんの手作りクッキーが食べたいぜ。

332 shop

[ʃáp] シャップ　 店

Fancy goods
open
このお店ずっと来たいと思ってたの❤

STEP 2

I've always wanted to come to this shop.

▷このお店、ずっと来たいと思ってたの。

333 stand

活用 stand-stood-stood

[stǽnd] スタンド　 立つ

ドンッ
すみませ…
よお
池面!?
ドアのそばにつっ立ってないでよ！

Don't stand near the door.

▷ドアのそばにつっ立ってないでよ。

334 fly

活用 fly-flew-flown

[flái] フライ　動 飛ぶ，飛行機で行く

まさか私を待ち伏せしてたんじゃ…
ちっ違う！オレ様はその…
鳥が飛んでいるのを見てただけさ
せめてもっとマシな言い訳しろ!!

I was just watching a bird fly.

▷鳥が飛んでいるのを見てただけさ。

□ 335 dream

[drí:m] ドゥリーム 名 夢

Your dream is my dream.

▷お前の夢は、オレの夢でもあるのさ。

お前の夢は
オレの夢でも
あるのさ
教えろよ
かなえてやるから
ドン！
！

□ 336 homework

[hóumwə̀:rk] ホウムワーク 名 宿題

Yeah! I don't have any homework today!

▷やった〜、今日は宿題なし！

私の夢は
あんたが私の宿題を
終わらせること！
え!?
やったー！
私今日は
宿題なし！
ちょっ
待っ…

□ 337 finish

活用 finish-finished-finished

[fíniʃ] フィニッシュ 動 〜を終える，終わる

Finish my homework.

▷私の宿題、終わらせなさいよ。

早く私の宿題
終わらせなさいよ
一本取られたぜ
おもしれえ女
池面半太ドM疑惑

338 fun

[fʌ́n] ファン | 名 楽しいこと

池面とゲームで対戦することになった
…
おい 楽しんでるかい？

Hey, are you having fun?

▷おい、楽しんでるかい？

339 computer

[kəmpjúːtər] カンピュータァ | 名 コンピュータ

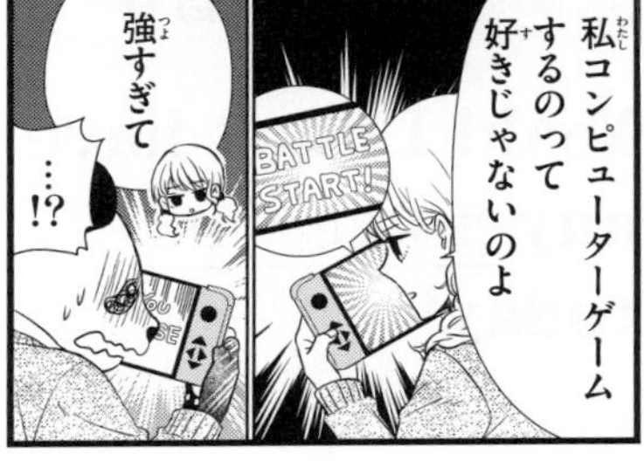

私コンピューターゲームするのって好きじゃないのよ
BATTLE START!
強すぎて
…!?

I don’t like playing computer games.

▷私、コンピューターゲームするのって好きじゃないのよ。

340 few

[fjúː] フュー | 形 (a few ～で) 少数の～

数時間後
少しの間休ませてくれ…! 次こそ勝つ…!
もう飽きたー
もうちょっとだけ！ な!?
WIN!!
LOSE!!

Let me take a rest for a few minutes.

▷少しの間、休ませてくれ。

□ 341 person

[pə́:rsn] パースン　名 人

いやーオレ様って
多才な人間だよなー!
チラッ
…!?
アピール
下手か!?

I'm a talented person.

▷オレ様って多才な人間だよな。

□ 342 afternoon

[æftərnú:n] アフタァヌーン　名 午後

あんた何が
言いたいわけ?
オレ様
多才を生かして
今日の午後は
買い物に行くんだ
木材の
は!? 木?

I'm going shopping this afternoon.

▷今日の午後は買い物に行くんだ。

□ 343 build

活用 build-built-built

[bíld] ビルド　動 ～を建てる

オレの夢は
オレたちの家を
建てることさ
その才能を別に
生かせないかなぁ?

My dream is to build a house for us.

▷オレの夢はオレたちの家を建てることさ。

STEP 2

344 box

[báks] バックス　名 箱

Guess what's in the box.

▷この箱に何が入っているか当ててみろ。

謎のゲームが始まった
この箱に何が入っているか当ててみろ
賞金をやる
カサッ
なんだろ…手帳？

345 parent

[pérənt] ペラント　名 親

I want you to meet my parents.

▷お前にうちの両親に会ってほしい。

お義母さんからお借りした白鳥のパスポートだ
お前にうちの両親に会ってほしい
お義母さんって呼ばないで!!行かないし！
でも池面の親は気になるな…

346 such

[sʌ́ʃ] サッチ　形 そのような

I've never seen such a thing.

▷そんなものは、
今まで見たことがないぜ。

ご両親の写真とかないの？
そんなものは今まで見たことがないぜ
顔が割れると大変なことになる人達だからな…
!?
謎がさらに深まった

□ 347 hot

[hát] ハット | 形 暑い，熱い

今日はとても暑いね
冷たいもの欲しー！

It's so hot today.

▷今日はとても暑いね。

□ 348 money

[mʌ́ni] マニィ | 名 お金

でも 今日 あんまりお金持ってないのよね…
スッ
じゃあオレ様がおごってやる
もちろんクラス全員にだ

I don't have much money today.

▷今日、あんまりお金持ってないのよね。

□ 349 high school

[hái skùːl] ハィ スクール | 名 高校

マジ!?
やったー！ありがと池面くん！
休日のお父さんみたい…
あんた高校生には見えないってば
大人っぽいってことか!?

You don't look like a high school student.

▷あんた、高校生には見えないってば。

□ 350 own

[óun] オウン | 形 自分自身の

暑いな…
それ私の！
自分のタオル
使いなさいよ！

Use your own towel!

▷自分のタオル使いなさいよ！

□ 351 woman

複数形 women

[wúmən] ウマン | 名 女性

悪い
代わりにオレ様の
タオルをやるから
新品だぜ
You are the woman of my dreams
最初から
これを渡すのが
目的だったのか!!

You are the woman of my dreams.

▷お前はオレの理想の女だ。

□ 352 trip

[tríp] トゥリップ | 名 旅行

さよなら！
良い旅を!!
昔のマンガで
よく見た光景…！

Have a nice trip!

▷良い旅を！

□ 353 believe

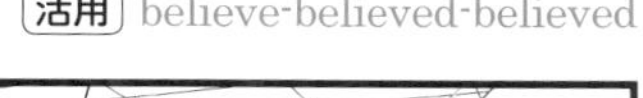
活用 believe-believed-believed

[bilíːv] ビリーヴ

動 ～を信じる，(believe in ～で) ～の価値を信じる

I believe in fate.

『わたし
運命を信じているの』
いきなり何!?

▷私、運命を信じてるの。

□ 354 famous

[féiməs] フェイマス

形 有名な

This is a famous line from a movie.

クイッ
これ有名な映画の
せりふなんだよ
そしてオレ様も
お前との運命を
信じてるぜ

▷これ、有名な映画のせりふなんだよ。

□ 355 bed

[béd] ベッド

名 ベッド，(go to bed で) 寝る，床につく

It's about time to go to bed.

あっ! 帰らなきゃ!
私 そろそろ
寝る時間だわ!
早寝だな…
睡眠は美容に
良いもんな
池面くん心広いな…!

▷そろそろ寝る時間だわ。

☐ 356 plant

[plǽnt] プラント　名 植物

オレ様
植物育てるの
好きなんだよな
やっぱり
笹や竹？
いや今は
盆栽

I like growing plants.

▷植物を育てるの、好きなんだよな。

☐ 357 fish

[fíʃ] フィッシュ　名 魚

別に好みの全てが
笹や竹じゃないぞ？
例えばオレ
生魚 大好き
なんだ
一番はもちろん
笹と竹だけど
ざわわっ

I love raw fish.

▷オレ、生魚大好きなんだ。

☐ 358 sad

[sǽd] サッド　形 悲しい

そんなの
池面くんじゃ
ない!!
キャラは
貫いてくれ…っ！
そんな
悲しい顔
するなよ…
みんなパンダに
夢を持ちたいんだな…

Don’t be so sad.

▷そんな悲しい顔、するなよ。

□ 359 wear

活用 wear-wore-worn

[wéər] ウェア | 動 ～を身につけている

見ろ この写真 映えてるだろ
あんた なんで サングラスなんか してんの!?
いつもの形は どうしたんだろ…
いつもの

Why are you wearing sunglasses?

▷あんた、なんでサングラスなんかしてんの？

□ 360 river

[rívər] リヴァ | 名 川

昨日川に 釣りに行ったんだ
若者が一人で 珍しいな 教えてやろうか
そこで仲良くなって…

I went fishing at the river yesterday.

▷昨日、川に釣りに行ったんだ。

□ 361 group

[grúːp] グループ | 名 グループ

記念に グループ写真を 撮ろうぜ!
これ付けてみろよ 後ろを紐でとめて…
――ということが あってな
おじさん達 優しいな…

How about taking a group picture?

▷グループ写真を撮ろうぜ。

STEP 2

□ 362 while

[wáil] ワイル　接 〜する間に

I fell asleep while I was reading.

▷本を読んでいる間に、寝ちゃった。

あ〜
本を読んでいる間に寝ちゃった
おはよう眠り姫
——…
ぼ〜〜

□ 363 table

[téibl] テイブル　名 テーブル

Don't put your foot on the table.

▷テーブルに足、乗せないでよ。

ちょっと…テーブルに足乗せないでよ…
前足乗せなきゃ立てないのはわかるけど…
なに言ってんだ？白鳥

□ 364 off

[ɔ́:f] オーフ　副 離れて

Stay off the subject.

▷その話題には触れないで
（その話題から離れていて）。

クスッ
これは手だぞ
その話題には触れないで!!
寝ぼけて池面を普通のパンダと認識してしまった!
テーブルじゃなくて学校の机だしな

□ 365 cat

[kǽt] キャット　名 ねこ

Are you a cat person or a dog person?

▷お前、ネコ派？　それとも犬派？

白鳥
お前 ネコ派?
それとも犬派?
あっ!!
知りた〜い!!
え…っ!?

STEP 2

□ 366 happen

活用 happen-happened-happened

[hǽpən] ハパン　動 起こる

Did something happen?

▷何かあったのか？

ネコ派だったけど
ジャイアントパンダは
中国語で大熊『猫』
やっぱり
池面くんが
好きなんだね❤
とか言われたら…
う〜ん
う〜ん
そんな難問か?
お前 何かあったのか?

□ 367 hospital

[háspitl] ハスピトゥル　 名 病院

There aren't any hospitals around here.

▷このあたりには、病院はないぜ。

胃が…
痛い…!
白鳥さん
大丈夫!?
このあたりには
病院はないぜ!?
危うく救急車を
呼ばれそうになった

STEP 2

□ 368 program

[próugræm] プロウグラム | 名 番組，プログラム

Why are you watching a kids' TV program?

▷なんで子供番組なんか見てんのよ？

なんで
子供番組なんか
見てんのよ？
昔 オレ様が
出演した回だ
懐かしくてな
あんた本当に
色々やってるわね…
みんなと
いっしょ

□ 369 catch

活用 catch-caught-caught

[kætʃ] キャッチ | 動 ～をつかまえる

Catch me if you can.

▷捕まえられるもんなら、捕まえてみろよ。

捕まえられるもんなら
捕まえてみろよ！
だっ

□ 370 experience

[ikspíriəns] イクスピリアンス | 名 経験

It was a good experience.

▷あれはいい経験だったな。

絶対捕まえる！
だっ
ヒィッ
あれはいい経験
だったな…
おかげで変質者から
逃げる術を学んだ
衝撃映像じゃん…

□ 371 rain

活用 rain-rained-rained

[réin] レイン　動 雨が降る　名 雨

お兄様
今日 雨降るかも
しれませんよ

It might rain today.

▷今日雨が降るかもしれません。

□ 372 enough

[inʌ́f] イナフ　形 十分な　副 十分に

これ持っていけ
ハンナ!
ごそっ
傘は十分
持ってますわ

I have enough umbrellas.

▷傘は十分持ってますわ。

□ 373 special

[spéʃəl] スペシャル　形 特別な

お前は
オレの特別な
女の子なんだ
お兄様…
でも かばんに
入らないので
やっぱり一つで…
お2人とも!
遅刻なさいますよ!!

You are my special girl.

▷お前はオレの特別な女の子なんだ。

□ 374 shopping

[ʃápiŋ] シャッピング | 名 買い物

I want to do the shopping with you.

▷一緒に買い物をしたいんだ。

一緒に買い物をしたいんだ
まあ短時間なら

□ 375 winter

[wíntər] ウィンタァ | 名 冬

I dress lightly even in winter.

▷オレ、冬でも薄着なんだよな。

なんで半そで選んでんの!?
オレ冬でも薄着なんだよな
それに…

□ 376 number

[nʌ́mbər] ナンバァ | 名 数，番号

Five is my lucky number.

▷5は、オレのラッキーナンバーだぜ。

5はオレのラッキーナンバーだぜ！
それで五分そで…
I ♥ SASA

STEP 2

□ 377 strong

[strɔ́ːŋ] ストゥローング  強い

オレ様は世界最強のオトコさ
文武両道のスーパーイケメンだ!

I'm the strongest man in the world.

▷オレは世界最強のオトコさ。

□ 378 foreign

[fɔ́ːrən] フォーラン 形 外国の

さらにオレ外国語は2つしゃべれるんだぜ!
オレ様のモノになれよ!
うっざ!!
…じゃあ今から私と英会話しましょうか

I can speak two foreign languages.

▷オレ、外国語は2つしゃべれるんだぜ。

□ 379 sleep

活用 sleep-slept-slept

[slíːp] スリープ  眠る

Sleep tight!
これは英会話と呼ばないぞ白鳥…
世界最強のオトコに勝つオンナ・白鳥かれん

Sleep tight!

▷ぐっすり眠れよ。

□ 380 doctor

[dáktər] ダクタァ　名 医師

I'm studying to be a doctor.

▷オレ、医者になるために勉強してんだよね。

池面ハンナ
ファンクラブイベント
ピクニック交流会
オレ 医者に
なるために勉強
してんだよね
すごいです!
頑張ってくださ…
きゃっ!
ガッ
しゃっ

□ 381 hold

活用 hold-held-held

[hóuld] ホウルド　動 ～を手に持つ，～を開催する

Hold this for a minute.

▷ちょっとこれ、持ってて。

ちょっとこれ
持ってて!
ハンナちゃん
大丈夫?
応急処置したら
僕が運ぶよ!

□ 382 street

[strí:t] ストゥリート　名 通り

I saw you walking on the street.

▷昨日あなたが
通りを歩いているところを見かけたよ。

昨日通りを
歩いているところ
見かけたよ
なんか…
大名行列みたい
だった…
お恥ずかしい
ところをお見せ
しました…
!?
ザッ ザッ ザッ ザッ ザッ

□ 383 present

[préznt]
プレズント

名 プレゼント，贈り物

Let's exchange Christmas presents.

▷クリスマスプレゼントの交換をしようぜ。

わいわい
クリスマスプレゼントの交換をしようぜ!

□ 384 American

[əmérikən]
アメリカン

形 アメリカの，アメリカ人の
名 アメリカ人

American movies are always exciting.

▷アメリカ映画っていつも、ワクワクするよな。

あっDVD!アメリカ映画っていつもワクワクするよな
わいわい
私は…
カサッ
for karen from panda

□ 385 glad

[glǽd] グラッド

形 うれしい

I'm glad you like it.

▷気に入ってくれて、うれしいぜ。

主催者特権でオレ様のプレゼントは白鳥に届くようにした
…ありがとう
殴る時のダメージ増すわね♥
いつでも受けて立つ!
気に入ってくれて嬉しいぜ

STEP 2

STEP 2

386 turn

活用 turn-turned-turned

[tə́ːrn] ターン

動 曲がる
名 曲がること，順番

Turn left at the traffic light.

いつもご利用ありがとうございます！
新店舗開店記念！
全員にノベルティプレゼント！
○○駅
○○駅から100m先の
信号を左に曲がってください
ブブブブッ

▷信号を左に曲がってください。

387 building

[bíldiŋ] ビルディング

名 建物

Which building are we heading to?

あれ？ 私らどの建物に向かってんの？
迷った!? ノベルティ間に合うかな…
私と目的地同じ？ 一緒にいこっか
ありがとうおねえさん！
この店

▷私ら、どの建物に向かってんの？

388 welcome

[wélkəm] ウェルカム

間 ようこそ

Welcome to my room.

あっ 見つけた…
オレ様の部屋へようこそ
ぬっ
お前に会うために店を買い取ったぜ
ギャー――!!

▷オレ様の部屋へようこそ。

389 ever

[évər] エヴァ | 副 今までに

Have you ever been to a zoo?

▷今までに動物園行ったことあります？

他の学年からも話しかけられる池面
池面先輩は今までに動物園 行ったことあります？
もちろん！

390 zoo

[zú:] ズー | 名 動物園

I'm scared of big bears in the zoo.

▷オレ、動物園の大きな熊って怖いんですよね。

オレ動物園の大きな熊って怖いんですよね
池面先輩は全然平気なんだけど
ざわっ

391 junior high school

[dʒú:njər hái skù:l] チューニァハィスクール | 名 中学校

What junior high school did you go to?

▷どこの中学に通っていたの？

?
オレ様と熊って似てるか？
あ 強そうってことか！
わ〜〜〜!!
そういえば池面くんってどこの中学に通ってたの？
誰かあの一年連れてけ！
池面のことになるとクラスマッチより団結するなこのクラス…

□ 392 vacation

[veikéiʃən] ヴェイケイション　名 休暇

カサッ
半太・ハンナへ
久しぶりに手紙を
書くよ。
こないだの
休暇はどうだったんだ？
楽しめたか？

How was your vacation?

▷休暇はどうだったんだ？

□ 393 bird

[bə́ːrd] バード　名 鳥

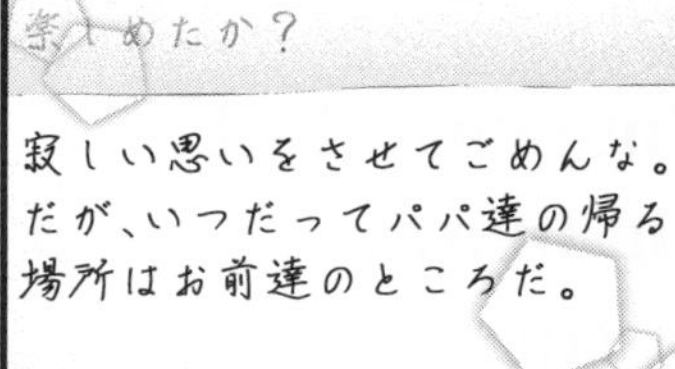
楽しめたか？
寂しい思いをさせてごめんな。
だが、いつだってパパ達の帰る
場所はお前達のところだ。
鳥は必ず巣に戻るものなんだよ。

Birds always return to their nest.

▷鳥は必ず巣に戻るものなんだよ。

□ 394 both

[bóuθ] ボウス　形 両方の　代 両方とも

来月にはママと数日帰る。
２人とも愛してるぜ。
パパより
良い手紙だろ
そうね ──でも…
オチは？
ねえよ！
たまにはキレイに終わろうぜ!?

I love you both.

▷２人とも愛しているぜ。

395 eye

[ái] アィ　名 目

オレの目を見ろよ白鳥
クイッ
…ねえ

Look at me in my eyes.

▷オレの目を見ろよ。

396 face

[féis] フェイス　名 顔

あんた顔洗ったの？

Did you wash your face?

▷あんた、顔洗ったの？

397 point

[pɔ́int] ポイント　名 要点，点

ふ…普通に朝に…
この美しい私に近づくなら直前に洗うくらいしなさいよ
これは最重要ポイントよ
すみません…

This is the most important point.

▷これは最重要ポイントよ。

398 warm

[wɔ́ːrm] ウォーム　形 暖かい，温かい

あんたとても
あったかそうね
昔から寒さには
強くてな
毛皮
あるもんね…

You look warm enough.

▷あんた、とてもあったかそうね。

399 hit

活用 hit-hit-hit

[hít] ヒット　動 ～をぶつける，～をたたく，打つ

翌日
オレ昨日
車にひかれ
ちゃったぜ
まあ無傷
だったけど
やっぱり毛皮が
クッションに
なったの!?

I was hit by a car.

▷オレ、車にひかれちゃったぜ。

400 excuse

活用 excuse-excused-excused

[ikskjúːz] イクスキューズ　動 ～を許す

今まであんたのこと
ボロクソ言ったけど…
前に
言っちゃったこと
許して
毛皮の
ポテンシャルの
高さは認めざるを
得ない…
悪いもんでも
食ったのか白鳥!?

Excuse me for what I said before.

▷前に言っちゃったこと、許して。

401 green

[grí:n] グリーン ｜ 形 緑色の

自分への快気祝いに
緑のマニキュア
買っちゃった❤

I bought green nail polish.

▷緑のマニキュア、買っちゃった。

402 true

[trú:] トゥルー ｜ 形 本当の

他の色も気になるな…
公式サイト見てみよ
――真実の愛は存在するよ。――
ラインナップは全てグリーン
緑色を愛したからこそ
生まれたブランド。
あなたの心にきっとSASAる。
心がTAKEる。
ひとぬりで、かぐや姫。
若き実業家
HANTAプロデュース

True love exists.

▷真実の愛は存在するよ。

403 sick

[sík] スィック ｜ 形 気分が悪い，病気の

また気分が悪く
なってきた
ポチ
ポチ
大丈夫か
白鳥
あんたの
せいよ!!
なんだ？
恋わずらいか？
冗談だ
お大事に

I'm feeling sick again.

▷また気分が悪くなってきた。

STEP 2

STEP 2

□ 404 mountain

[máuntn] マウンテン　名 山

I'm not interested in climbing mountains.

▷登山なんて興味ないってば。

白鳥山に登ろうぜ!
登山なんて興味ないってば
リズは山登り好きだぜ?
行くわ
即決

□ 405 early

[ə́:rli] アーリィ　副 早く　形 早い

I woke up early this morning.

▷今朝は早く起きちゃった。

楽しみで今朝は早く起きちゃった
よぉ

□ 406 forget

活用 forget-forgot-forgotten

[fərgét] ファゲット　動 ～を忘れる

I won't forget what you did.

▷あんたがやったこと、忘れないから。

リズちゃんは!?
リズが来るとは言ってないぜ?
あんたがやったこと忘れないから!!

407 piano

[piǽnou] ピアノゥ　名 ピアノ

I like playing the piano.

▷オレ、ピアノを弾くの好きなんだ。

オレ
ピアノを弾くの好きなんだ
これ
聞いたことある…
『別れの曲』だっけ…？

408 die

活用 die-died-died

[dái] ダィ　動 死ぬ

I thought I was going to die!

▷死ぬかと思った！

ううっ
悲しくて死ぬかと思った…！
ぐすっ
!?

409 break

活用 break-broke-broken

[bréik] ブレイク　動 ～をこわす，(break upで)別れる　名 休けい

I don't want to break up with you.

▷お前と別れたくないぜ。

ぐすっ
オレ様…お前と別れたくないぜ…
ずびっ
ぐすっ
ずずっ
まず付き合ってないんだけど？

410 star

[stɑ́ːr] スター | 名 星，スター

Make a wish on a shooting star.

基本的には
星になんて願わない
オレ様だが
せっかくの流星群だ
流れ星に願い事を
しよう

▷流れ星に願い事をしよう。

411 space

[spéis] スペイス | 名 宇宙

My dream is to go to space.

オレ様の夢は
宇宙に行くことだ
あとは
白鳥と結ばれる
こと…
あ
宇宙で結婚式
したいな！
それからそれから——

▷オレの夢は宇宙に行くことだ。

412 tired

[táiərd] タイアド | 形 (tired from～で) 疲れた，～で疲れた

I'm tired from thinking about you.

翌日
徹夜で願い事
してしまった…
お前のこと考えてて
疲れちゃったぜ
フッ
じゃあ
もう考えないで？

▷お前のこと考えてて、疲れちゃったぜ。

STEP 2

413 ball

[bɔ́ːl] ボール　**名** ボール

Toss me the ball.

白鳥！
オレにボールを
投げてくれ！

▷オレにボールを投げてくれ。

414 front

[frʌ́nt] フラント　**名** (in front ofで) ~の前に

It's right in front of you.

あんたの
目の前に
あるじゃん！
お前から
受け取りたいんだ
気持ち悪っ！
ゴッ

▷あんたの目の前にあるじゃん！

415 math

[mǽθ] マス　**名** 数学
(mathematics) の短縮形

I'm not good at math.

お前の思い
受け止めた
ぜつ!?
ゴッ
ぱし
待って待って
投げすぎ
え？
今何球目か
わかんないや
私数学
苦手なのよね

▷私、数学苦手なのよね。

□ 416 message

[mésidʒ] メスィッヂ | 名 伝言，メッセージ

STEP 2

Please leave a message.

▷伝言を残してください。

留守番電話サービスです
メッセージを残してください

□ 417 plan

[plǽn] プラン | 名 計画，予定

Do you have any plans for tonight?

▷今晩、なにか予定はあるのか？

今晩なにか予定はあるのか？もしなければ――
ビジネスの電話？池面くんて事業もしてるんだよね すごいなぁ…

□ 418 rice

[ráis] ライス | 名 米，ご飯，稲

Can I have a large portion of rice?

▷ご飯、大盛りでもらえるか？

ご飯大盛りでもらえるか？
これ夕飯のリクエストだ!!

419 store

[stɔ́ːr] ストァ　名 店

ペットショップ
保護譲渡活動　取りくみ中！
このお店って
いつも
混んでるのよね
なんでだろ…

This store is always crowded.

▷このお店って、いつも混んでるのよね。

420 dance

活用 dance-danced-danced

[dǽns] ダンス　動 踊る　名 踊り

オススメ店員
出現度★★★★★SSR
(不定期バイト)
「オレ様と
ダンスしたく
ないか？」
こうペットにささやくとペットのテンションが上がって踊りだすカリスマ店員！！
保護・譲渡活動を行う
姿勢に感動し、店を手伝っている。
みんなでペットを幸せにしようぜ
ペットホテル
オススメプラン
料金の
ご案内

Don't you want to dance with me?

▷オレと踊りたくないのか？

421 red

[réd] レッド　形 赤い

彼、赤いジャケットが
ものすごく
似合ってるわね！
池面くん目当てで
来店される方も
多いんですよー
ホストかよ!?

He looks so good in the red jacket.

▷彼、赤いジャケットが
ものすごく似合ってるわね。

422 fall

活用 fall-fell-fallen

[fɔ́ːl] フォール

名 秋
動 落ちる

My favorite season is fall.

▷オレ様のお気に入りの季節は秋だぜ。

オレ様のお気に入りの季節は秋だぜ
芸術の秋っていうだろ?

423 museum

[mjuːzíːəm] ミューズィーアム

名 博物館，美術館

There are many museums that I want to go to.

▷オレ、行きたい博物館がたくさんあるんだよな。

オレ行きたい博物館がたくさんあるんだよな
ほらいい企画ばっかりだろ?

424 yet

[jét] イエット

副 (否定文で) まだ (… ない), (疑問文で) もう

I haven't decided yet.

▷まだ決めてないんだよな。

どこ行くかまだ決めてないんだよな
もう全部回るか!
竹が伝える世界の文化
現代美術館
竹であそぼう!
自然子どもミュージアム
笹アート展
県立博物館
この街池面に甘すぎない!?

425 body

[bádi] バディ | **名** 体

オレ乾燥肌用のボディーローションを使ってるんだ
BODY LOTION
毛が邪魔で皮膚に届かないんでは…!?

I use body lotion for dry skin.

▷オレ、乾燥肌用のボディローションを使ってるんだ。

426 bike

[báik] バイク | **名** 自転車

自転車で転んじまったぜ…
毛についたローションに土が付きまくってる…!
服はキレイなのに…

I fell off my bike.

▷自転車で転んじまったぜ。

427 free

[frí:] フリー | **形** 自由な,(feel free to ~で)自由に~する

ス…ッ
自由にお取りください
Feel free to take these
オレ様そこまで汚いか…?

Feel free to take these.

▷自由にお取りください。

STEP 2

□ 428 area

[éria] エリア | 名 地域

UFOs are often seen in this area.

この地域よくUFOが見られるんだぜ
オレ様に至ってはさらわれたこともあるし
はあっ!?

▷この地域、よくUFOが見られるんだぜ。

□ 429 cry

活用 cry-cried-cried

[krái] クライ | 動 泣く，さけぶ

Don't cry.

パンダヲ一度生デ見タカッタ…! ウレシイ…!
泣くんじゃないよ

▷泣くんじゃないよ。

□ 430 once

[wʌ́ns] ワンス | 副 1度，かつて

I have met them only once.

彼らに会ったのは一度きりだぜ
一生どころか何回生きても宇宙人に会える気がしないわ私…

▷彼らに会ったのは一度きりだぜ。

STEP 2

□ 431 o'clock

[əklák] アクラック | 副 ～時に，～時

I usually leave home at 8 o'clock.

▷オレ、いつも８時に家を出るんだ。

オレ いつも8時に家を出るんだ
——けど 重要なことを忘れてた…

□ 432 clock

[klák] クラック | 名 (置き)時計

My clock was a little late.

▷オレんちの時計、ちょっと遅れてたんだよ。

オレんちのクロック ちょっと遅れてたんだよ…!!

□ 433 agree

活用 agree-agreed-agreed

[əgríː] アグリー | 動 同意する

I don't agree with you at all.

▷まったく同意できないわ。

それで遅刻かぁ なら仕方ないな…
いやまったく同意できないわ!!
ずるい!!

STEP 2

□ 434 scientist

[sáiəntist] サイアンティスト | 名 科学者

オレ科学者になりたいんだよな

I want to become a scientist.

▷オレ、科学者になりたいんだよな。

□ 435 useful

[jú:sfəl] ユースフル | 形 役に立つ

何かユースフルなものを発明したいんだ
例えば？

I want to invent something useful.

▷何か役に立つものを発明したいんだ。

□ 436 choose

活用 choose-chose-chosen

[tʃú:z] チューズ | 動 ～を選ぶ

私と彼女どっちか選んでくれないと！
どっちの白鳥も愛してるぜ
オレ様が元気になるのに役立つよな
絶対科学者にならないで!!

You have to choose one, me or her.

▷私か彼女、どっちか選んでくれないと！

437 card

[ká:rd] カード ┊ 名 カード，はがき

バースデーカード ありがと 池面
きゅー♡
白鳥さんが 珍しく池面くんに お礼を…！

Thank you for the birthday card.

▷バースデーカード、ありがと。

438 cake

[kéik] ケイク ┊ 名 ケーキ

私 ケーキなら 一生食べ続け られちゃう！
もちろん美容に 気をつけるけど!!
ケーキ 食べ放題 年間パス
バースデーカード ならぬ 食わすぜーカード！
オシャレカフェデートで 惚れさせる作戦か!?

I can eat cake forever!

▷私、ケーキなら一生食べ続けられちゃう！

439 fast

[fǽst] ファスト ┊ 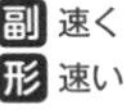 副 速く 形 速い

おい白鳥！ 早食いしすぎだ！
もっとこう… デートっぽく…
今食べてるから 静かにして！
あああ！ 池面選手 作戦失敗だーー！
このクラスは実況者が たくさんいます
ばく
ばく

You eat too fast!

▷早食いしすぎだ！

□ 440 grandfather

[grǽndfɑ̀:ðər] グランドファーザァ ｜ 名 祖父

オレ様の祖父はパリにいるんだよ

My grandfather is in Paris.

▷オレの祖父はパリにいるんだよ。

□ 441 art

[ɑ́:rt] アート ｜ 名 美術，芸術

その影響で前に美術部にいたんだ
そしてこれがその時の作品…
ごそごそ

I used to be in the art club before.

▷前に美術部にいたんだ。

□ 442 vegetable

[védʒtəbl] ヴェヂタブル ｜ 名 野菜

『新鮮な野菜食べたいなあ』だ
笹は野菜なの？
まずこれを笹だとわかるのがすごいな

I want to eat some fresh vegetables.

▷新鮮な野菜、食べたいなあ。

STEP 2

□ 443 paper

[péipər] ペイパァ | 名 紙

今度返すから1枚紙くれる？
ルーズリーフなくなっちゃった
お安い御用だぜ

Can I have a piece of paper?

▷ 1枚、紙くれる？

□ 444 sun

[sʌ́n] サン | 名 (the sunで) 太陽

お前は太陽のよウに
オレ様を照らして
くれるんだ
スッ
いや使用済みじゃなくてまっさらなやつを

You shine on me like the sun.

▷お前は太陽のようにオレを照らしてくれるんだ。

□ 445 chance

[tʃǽns] チャンス | 名 チャンス，機会

婚姻届
スッ
池面ァ!!
分かってるって
ゴソゴソ
次やったら承知しないわよ
これがあんたの最後のチャンスだからね？

This is your last chance.

▷これがあんたの最後のチャンスだからね。

□ 446 science

[sáiəns] サイアンス | 名 科学，理科

リズとハンナは同じ学校です
わたし達の科学の先生かっこいいんですよお兄様
なにイ!?

STEP 2

Our science teacher is good looking.

▷私たちの科学の先生、かっこいいんですよ。

□ 447 end

[énd] エンド | 名 終わり

オレ様よりもか!?なんてこった…
そんな顔なさらないでお兄様
この世の終わりって訳じゃないんですから
実は——

This is not the end of the world.

▷この世の終わりってわけじゃないんですから。

□ 448 breakfast

[brékfəst] ブレックファスト | 名 朝食

翌日
なんか嬉しそうねあんた朝食何食べたのよ?
秘密だ
実はお兄様に似てるんです
もちろんお兄様が一番ですよ
クスッ

What did you have for breakfast?

▷あんた、朝食何食べたのよ？

□ 449 late

[léit] レイト ｜ 副 遅く 形 遅い，遅れた

池面のお母さんってどんな人？
少し抜けてるな
夜遅くに電話してごめんね半太
いやこっちは朝だが…どうした？

I'm sorry to call you late at night.

▷夜遅くに電話して、ごめんね。

□ 450 phone

[fóun] フォウン ｜ 名 電話

私の電話どこ行った？見つからなくて！
今電話してるのは何なんだ!?
あっそっか！

Where did my phone go?

▷私の電話、どこ行った？

□ 451 office

[ɔ́:fis] オーフィス ｜ 名 事務所，会社

今会社にいるのか？体に気をつけろよ母さん
ありがと愛してるわ半太♥
こんな感じだな
まさかのドジっ子…!!

Are you at the office now?

▷今、会社にいるのか？

STEP 2

□ 452 apple

[ǽpl] アプル | 名 りんご

I don't like apples.

▷あたくしりんごは好きじゃないんです。

あたくし りんごは 好きじゃないんです
はぁ…
えっ アレルギー とか!?
そういうわけじゃ ないんですけど…

□ 453 village

[vílidʒ] ヴィリッヂ | 名 村

I'm from a small village.

あたくし 小さな村の出身ですの
そこから父の事業が 大成功して 今に至るんですけど…

▷あたくし、小さな村の出身ですの。

□ 454 carry

活用 carry-carried-carried

[kǽri] キャリィ | 動 ～を運ぶ

Help me carry this.

これ運ぶの 手伝ってよ おやつに あげるから
りんごに囲まれて もう一生分 食べたというか…
意外と 苦労してるんだ…

▷これ、運ぶの手伝ってよ。

left

[léft] レフト | 形 左の，(left-handed で) 左きき

I used to be left-handed.

▷オレ、以前は左利きだったんだよね。

オレ
以前は左利き
だったんだよね
けど昔から
サインを頼まれる
ことが多くて…

STEP 2

fine

[fáin] ファイン | 形 すばらしい，よい

Everything will be fine.

▷全部、うまく行く。

ずら〜〜
なかなか列が
さばけない…
そうだ！
両手で書けば
2倍さばけて
全部うまく行く!!

457 maybe

[méibi] メイビィ | 副 たぶん，ひょっとすると

Maybe you're right.

▷たぶん、あんたが正しいわ。

というわけで
今は両利きだぜ！
特に
ツッコミどころが
なかった…
この件については
たぶん あんたが
正しいわ
なんで悔しそう
なんだよ！

□ 458 **exciting**

[iksáitiŋ] イクサイティング ｜ 形 わくわくさせる

池面家のパーティ
わくわくしたなぁ
わいわい
おいおい
まだパーティは
終わってないぜ
!?

STEP 2

The party was so exciting!

▷パーティ、わくわくしたなあ。

□ 459 **guitar**

[gitá:r] ギター ｜ 名 ギター

お前ら！
ギターに合わせて
歌えよ！
ジャ
ーン!!

Sing along with the guitar.

▷ギターに合わせて、歌えよ。

□ 460 **energy**

[énərdʒi] エナヂィ ｜ 名 エネルギー

うっかり盛り上がって
オールナイトライブに
なっちまったぜ…
エネルギーの無駄遣い
やめなさいよ…

Don’t waste your energy.

▷エネルギーの無駄遣い、やめなさいよ。

461 blue

[blú:] ブルー | 形 青い

父の仕事の手伝いで今オレ様は外国に来ている
いい天気だ 青空を見上げてごらん 半太！
ほんとだ…

Look up in the blue sky!

▷青空を見上げてごらん！

462 weather

[wéðər] ウェザァ | 名 天気

この空あいつと繋がってるんだよな…
白鳥 そっちの天気はどうだい？

How is the weather there?

▷そっちの天気はどうだい？

463 internet

[íntərnet] インタァネット | 名 (the internetで) インターネット，ネット

ネットで調べなさいよ
まあ確かに

Look it up on the internet.

▷ネットで調べなさいよ。

STEP 2

464 volunteer

[vɑ́ləntíər] ヴァランティア | 名 ボランティア，志願者

数年前
スイミングクラブ
ボランティアコーチ
募集中!!

We are looking for volunteers.

▷ボランティア、募集中！

465 able

[éibl] エイブル | 形 (be able to～で) ～できる

泳げるようになりたいな…
なれるぜ！
このオレ様が教えるんだからな！
カッコいい…！
ザバァッ

I want to be able to swim.

▷泳げるようになりたいな。

466 news

[núːz] ヌーズ | 名 ニュース，知らせ

現在
僕が犬かきで世界記録を更新できたのは昔お世話になったコーチのおかげです！
私そのニュース テレビで見た！もしかして池面…
さあな
クスッ

I saw the news on TV.

▷そのニュース、テレビで見た。

467 history

[hístri] ヒストゥリィ　名 歴史

天馬総一郎は仕事中はかっこいい
僕はアメリカの歴史にくわしいんだ
U.S. history

I know a lot about U.S. history.

▷アメリカの歴史にくわしいんだ。

468 door

[dɔ́ːr] ドァ　名 ドア

だがプライベートは…
ちょっと総くん！ドア開けっ放しにしないでよ！
ごめんごめん

Don’t leave the door open.

▷ドア、開けっ放しにしないでよ。

469 desk

[désk] デスク　 名 机

お前の机汚いなあ総一郎！
ばたばた
今片づけるよ父さん
総くん詐欺だって言われない？
なんで？
きょとん

Your desk is a mess!

▷お前の机、汚いなあ！

□ 470 speech

[spíːtʃ] スピーチ | 名 スピーチ，演説

I'm going to make a speech next.

▷次はオレがスピーチするぜ。

池面半太生誕記念パーティー
池面の誕生日パーティに呼ばれた
次はオレ様がスピーチするぜ
白鳥

□ 471 high

[hái] ハイ | 形 高い

You look so good in those high heels.

▷そのハイヒール、よく似合ってるぜ。

そのハイヒール良く似合ってるぜ
オレ様のために履いてきたんだろ？
!
これで白鳥もオレ様にキュンとくるはず！

□ 472 air

[éər] エア | 名 空気

I need some fresh air.

▷風にあたってくるわ。

は？私は自分のためにオシャレしてんだけど!!
風にあたってくるわ
かっこいい…！
きゅんっ♥
逆に胸キュンさせられた

473 human

[hjú:mən] ヒューマン | 形 人間の

新しいクラスになじめるかな…
人間関係は苦手なんだよ…
これから転入生を紹介します

I'm not good at human relations.

▷人間関係は苦手なんだよ。

STEP 2

474 tea

[tí:] ティー | 名 お茶，紅茶

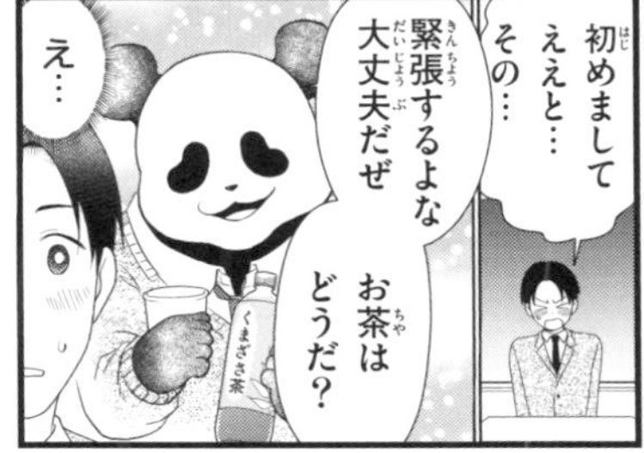
初めまして ええと… その…
緊張するよな 大丈夫だぜ
お茶は どうだ？
え…
くまざさ茶

Would you like some tea?

▷お茶はどうだ？

475 spring

[spríŋ] スプリング | 名 春

春って 素敵な季節だよな！ 新しい仲間が増える
みんなで 一緒に勉強 がんばろうぜ！
う…うん！
このクラスなら やっていけそうです

Spring is a lovely season.

▷春って素敵な季節だよな。

STEP 2

476 tall

[tɔ́ːl] トール | **形** (背が)高い

どっちかというなら私、背の高い男子が好き
つまりオレ様じゃねえか!!

I like tall boys.

▷私、背の高い男子が好き。

477 classroom

[klǽsrùːm] クラスルーム | **名** 教室

お前オレ様に大事な話があるだろ
聞いてやるから教室で待っててくれ! じゃあな!
は!? ちょ…っなに!?

Wait for me in the classroom.

▷教室で待っててくれ。

478 already

[ɔːlrédi] オールレディ | **副** すでに, もう

放課後
待たせたな! 告白聞いてやる…
ガラッ
しーん…
白鳥
今どこだ?
もう家に帰ってきた
なんとなく状況つかめるけど いい加減学習してよ
恋は盲目

I'm home already.

▷もう家に帰ってきた。

□ 479 **arrive**

活用 arrive-arrived-arrived

[əráiv] アライヴ　動 到着する

I arrived at the meeting place early.

▷待ち合わせ場所に、早く着いちゃったわ。

半太さん達と天体観測をすることになりました
待ち合わせ場所に早く着いちゃったわ…
リズちゃんお待たせ
早いな

STEP 2

□ 480 **sky**

[skái] スカィ　名 空

The sky is full of stars.

▷満天の星だぜ（空が星でいっぱいだ）。

満天の星だぜ
あれがオリオン座であれがシリウス…
そしてこの星がイケヅラ
は!?

□ 481 **information**

[ìnfərméiʃən] インファメイション　名 情報

Is that information correct?

▷その情報、合ってんの？

オレ様が昔発見して名付けた
リズちゃん！その情報合ってんの!?
逆にあなたご存じないんですの？
知るわけないでしょ!!

□ 482 sell

活用 sell-sold-sold

[sél] セル | 動 ～を売る

あの店かわいいもの売ってるの♥
白鳥が好きな店に来てみた

That store sells cute things.

▷あの店、かわいいもの売ってるの。

□ 483 evening

[íːvniŋ] イーヴニング | 名 夜，夕方

せっかくなら何か買うか…
これならオレ様にもよさそうだ
素敵な夜を!
フェイスパッ

Have a wonderful evening!

▷素敵な夜を！

□ 484 wash

活用 wash-washed-washed

[wɑ́ʃ] ワッシュ | 動 ～を洗う

翌日
しまった寝坊したぜ!急がねえと!
バタバタ
バタバタ
あんた顔洗ったの?洗ってないでしょ
なんでわかるんだ…?愛の力だな!?

Did you wash your face?

▷あんた、顔洗ったの？

485 travel

活用 travel-traveled-traveled

[trǽvl]
トゥラヴル

動 旅行する，移動する
名 旅行

I like to travel alone.

▷ひとり旅が好きなんだよ。

本当はオレ様一人旅が好きなんだよ
けど世界がオレ様を一人にさせてはくれねえんだよな…
世界的に保護される男

STEP 2

まとめて覚えるコーナー人称代名詞❶

□	486 **I** [ái] アィ	私は(が)
□	487 **my** [mái] マイ	私の
□	488 **me** [mí:] ミー	私を(に)
□	489 **mine** [máin] マイン	私のもの
□	490 **myself** [maisélf] マイセルフ	私自身を(に)
□	491 **you** [jú:] ユー	あなたは(が), あなたを(に)
□	492 **your** [júər] ユァ	あなたの, あなたたちの
□	493 **yours** [júərz] ユァズ	あなたのもの, あなたたちのもの
□	494 **yourself** [juərsélf] ユァセルフ	あなた自身を(に)
□	495 **yourselves** [juərsélvz] ユァセルヴズ	あなたたち自身を (に)

STEP 2

ドン!!
I'm always on your side.
(いつもそばにいるぜ)
壁ドン やめろー!!

まとめて覚えるコーナー 人称代名詞❷

☐ 496 **he** [híː] ヒー	彼は(が)
☐ 497 **his** [híz] ヒズ	彼の，彼のもの
☐ 498 **him** [hím] ヒム	彼を(に)
☐ 499 **himself** [himsélf] ヒムセルフ	彼自身を(に)
☐ 500 **she** [ʃíː] シー	彼女は(が)
☐ 501 **her** [hə́ːr] ハー	彼女の，彼女を(に)
☐ 502 **hers** [hə́ːrz] ハーズ	彼女のもの
☐ 503 **herself** [hərsélf] ハーセルフ	彼女自身を(に)
☐ 504 **it** [ít] イット	それ(が，を，に)
☐ 505 **its** [íts] イッツ	それの

今日もカンペキ❤
She looks at herself in a mirror again.
(彼女また鏡で自分のこと見てますわ)

まとめて覚えるコーナー 人称代名詞❸

□ 506 **we** [wi] ウィー	私たちは
□ 507 **our** [áuər] アウァ	私たちの
□ 508 **us** [ʌ́s] アス	私たちを(に)
□ 509 **ours** [áuərz] アウァズ	私たちのもの
□ 510 **ourselves** [ɑuərsélvz] アウァセルヴズ	私たち自身を(に)
□ 511 **they** [ðéi] ゼィ	彼らは(が), 彼女らは(が), それらは(が)
□ 512 **their** [ðéər] ゼァ	彼らの, 彼女らの, それらの
□ 513 **them** [ðém] ゼム	彼らを(に), 彼女らを(に), それらを(に)
□ 514 **theirs** [ðéərz] ゼァズ	彼らのもの, 彼女らのもの, それらのもの
□ 515 **themselves** [ðəmsélvz] ザムセルヴズ	彼ら自身を(に)

私たちは池面くんが大好き！
We love❤IKEDURA
イケヅラファンクラブ!!
私たち
…

まとめて覚えるコーナー代名詞

□ 516 anyone [éniwʌ̀n] エニィワン	(疑問文で)だれか, (否定文で)だれも(～ない)
□ 517 anything [éniθiŋ] エニィスィング	(疑問文で)何か, (否定文で)何も(～ない)
□ 518 everyone [évriwʌ̀n] エヴリィワン	みんな
□ 519 everything [évriθìŋ] エヴリィスィング	あらゆること
□ 520 someone [sʌ́mwʌ̀n] サムワン	だれか
□ 521 something [sʌ́mθiŋ] サムスィング	何か，あるもの
□ 522 nothing [nʌ́θiŋ] ナッスィング	何も～ない
□ 523 this [ðís] ズィス	これ
□ 524 that [ðət] ザット	あれ
□ 525 these [ðí:z] ズィーズ	これら
□ 526 those [ðóuz] ゾウズ	あれら

まとめて覚えるコーナー 疑問詞

□ 527 when [wén] ウェン	いつ
□ 528 why [wái] ワィ	なぜ
□ 529 how [háu] ハウ	どうやって
□ 530 what [wʌ́t] ワット	何，何の
□ 531 where [wéər] ウェア	どこに（で）
□ 532 which [wítʃ] ウィッチ	どちら（の），どれ
□ 533 who [hú:] フー	だれ
□ 534 whose [hú:z] フーズ	だれの，だれのもの

When will you go on a date with me?
（いつオレ様とデートしてくれるんだ？）
は？

Panda's
1000 English Words

STEP 3
初級レベルの単語

ここをクリアしたら
一人前だぜ！
大丈夫、
オレ様が
ついてる!!

□ 535 subject

[sʌ́bdʒikt] サブヂクト | 名 教科，（メールなどの）件名

今日も池面がうっとうしい
お前の好きなサブジェクトは何だ？
…

What is your favorite subject?

▷お前の好きな科目は何だ？

STEP 3

□ 536 busy

[bízi] ビズィ | 形 忙しい

私今すごく忙しいんだけど！
何聞かれても反応しないからね！
そんなこと言ってられるかな…？
ぷいっ

I'm so busy right now.

▷私、今すごく忙しいんだけど。

□ 537 fruit

[frúːt] フルート | 名 果物

このフルーツランブータンっていうんだぜ
ランブータン
南国のフルーツ
ランブ…なんて!?
あっさり負けた

This fruit is called "rambutan".

▷この果物ランブータンっていうんだぜ。

[réis] レイス　名 競走，競争

白鳥！
学校まで競走だ！
うざい！
でもこいつに負けるのは
もっと嫌だ！

Let's have a race to school.

▷学校まで競走だ。

複数形 feet

[fút] フット　名 足

ねえあんた
片足でどのくらい
立っていられる？
私見てみたいな♥
スッ
しょうがねえなぁ

How long can you stand on one foot?

▷あんた、片足でどのくらい立っていられる？

[əlóun] アロウン　形 ひとりで

池面何してんの？
ぷるぷる
ぷるぷる
オレ様
一人の時間も必要
なんだ…だから…
もちろん遅刻した

I need some alone time.

▷オレ、一人の時間も必要なんだ。

STEP 3

541 draw

活用 draw-drew-drawn

[drɔ́ː] ドゥロー　動 （ペンで絵や図を）描く，（線）を引く

Draw a picture of me.

▷オレの絵を描いてくれ。

オレ様の絵をドローしてくれ
暇だしいいけど…

542 black

[blǽk] ブラック　形 黒い

Is your tail black?

パンダを描けばいいのよね…
──ん？
そういやあんたのしっぽって黒いの？
ドキッ
え…っ

▷あんたのしっぽって黒いの？

543 wrong

[rɔ́ːŋ] ローング　形 間違った，（道徳的に）悪い

I'm not wrong!

それはオレ様の裸を見たいってことだな!?
しまった！
違うから！脱がないで!!
いや脱ぐ！オレ様は間違っちゃいないぜ！
ぎゃあああああっ!!

▷オレは間違っちゃいないぜ！

□ 544 host

[hóust] ホウスト

名 主催者,（客をもてなす）パーティーの主人

I am the host of this party.

▷このパーティーの主催者はオレさ。

池面半太と音楽をたのしむ会
このパーティーの主催者はオレ様さ

□ 545 concert

[kánsə:rt] カンサート

名 コンサート

Did you enjoy my concert?

▷オレのコンサート、楽しんでくれたか？

どうだ白鳥
オレ様のコンサート
楽しんでくれたか？
ぽ〜〜
えっ…
…あーうん

□ 546 Chinese

[tʃainí:z] チャイニーズ

名 中国語，中国人
形 中国の

I didn't know that you speak Chinese.

▷あんたが中国語しゃべれるなんて、
知らなった。

あんたが中国語
しゃべれるなんて
知らなかった
ふわぁ
寝てたなら
素直に言えよ

STEP 3

STEP 3

547 heart

[há:rt] ハート ｜ 名 心，心臓

心の底から
お前を愛してるぜ
ヒッ

I love you from the bottom of my heart.

▷心の底から、お前を愛しているぜ。

548 throw

活用 throw-threw-thrown

[θróu] スロウ ｜ 動 ～を投げる

びゅん
びゅん
オレ様に物を
スロウするなよ

Don't throw things at me.

▷オレにものを投げるなよ。

549 window

[wíndou] ウィンドウ ｜ 名 窓

…じゃあ窓
開けてくれない？
お前の頼みなら
ぜーは
ぜーは
オレ様を投げるなよ！

Can you open the window?

▷窓、開けてくれない？

□ 550 nature

[néitʃər] ネイチャア　名 自然

Everyone loves nature, but I don't.

とある家
たまには外に出ないと…自然の中は気持ちいいわよ
みんな自然が大好きとか言うけど私はキライ

▷みんな自然が大好きとかいうけど、私はキライ。

□ 551 forest

[fɔ́:rist] フォーリスト　名 森

I saw a panda in the forest!

さっき私森でパンダ見ちゃった！一緒に見に行かない？
えっ!?

▷私、森でパンダ見ちゃった！

□ 552 lake

[léik] レイク　名 湖

I went fishing at the lake.

昨日オレ様 湖に釣りに行ったんだよ そしたら親子に話しかけられてさ…
森の奥の湖？
そうそう
すみません 写真いいですか？
かまわねえぜ
池面の何気ない行動で今日も誰かが救われている

▷オレ、湖に釣りに行ったんだよ。

STEP 3

STEP 3

□ 553 born

[bɔ́ːrn] ボーン ┆ 動 (be bornで) 生まれる

オレ様ここニューヨークで生まれたんだ

I was born in New York.

▷オレ、ニューヨークで生まれたんだ。

□ 554 map

[mǽp] マップ ┆ 名 地図

勝手知ったる街だから
オレ様にはマップなんていらないぜ！
えーと自由の女神像は…

I don't need any maps.

▷オレには地図なんて、いらないぜ。

□ 555 far

[fɑ́ːr] ファー ┆ 副 遠くに

そこはここからじゃ遠すぎるぜ
わい
わい
案内しようか？
【真相】常に人に話しかけられるため、地図が不要

It's too far from here.

▷そこは、ここからじゃ遠すぎるぜ。

□ 556 return

活用 return-returned-returned

[ritə́ːrn] リターン

名 帰り，巡ってくること
動 帰る，戻る

HAPPY BIRTHDAY
Many happy returns!

Many happy returns!

▷たくさんの幸せが何度も巡ってきますように（バースデーカードなどでよく使われるお祝いの言葉）。

□ 557 baby

[béibi] ベイビィ

名 赤ちゃん

誕生日カード？
オレ様のいとこにベイビーが生まれるんだ
それってオス？メス？

My cousin is having a baby.

▷オレのいとこに、赤ちゃんが生まれるんだ。

□ 558 hurt

活用 hurt-hurt-hurt

[hə́ːrt] ハート

動 ～を傷つける，痛む

白鳥…
はっ
ごめん！失礼な言い方した！
あんたを傷つけるつもりはなかったの
そう言いたくなっちゃうよね白鳥さん…！

I didn’t mean to hurt you.

▷あんたを傷つけるつもりはなかったの。

STEP 3

STEP 3

559 season

[síːzn] スィーズン | 名 季節

What is your favorite season?

▷お前の好きな季節はなんだ？

白鳥
お前の好きな
季節はなんだ？
はっ
この質問は…！

560 snow

[snóu] スノゥ | 名 雪

Snow is falling.

▷雪が降ってる。

冬だと答えたら…
「雪が降ってる～」
ってはしゃぐお前を
抱きしめたいぜ
夏なら
熱い夏を
オレ様と
過ごさないか
春
お前と
出会った
季節だ
秋
ぬくもりが
ほしくなるよな…

561 mind

活用 mind-minded-minded

[máind] マインド | 名 心，精神 動 ～をいやがる

You read my mind.

▷オレの心を読んだな。

答えないのが正解！
黙秘するわ
オレ様の
心を読んだな
さすがオレ様が
見込んだ女…！
心理戦まんがみたいに
なってる…！

562 chair

[tʃéər] チェア　名 いす

You broke my chair!

▷あんた、私の椅子壊したでしょ！

あんた私の椅子壊したでしょ！
オレ様じゃない！
——だが…

STEP 3

563 power

[páuər] パウァ　名 力

It's the power of love.

▷それが愛の力というものさ。

代わりの椅子は用意できる
ズ
ズ
それが愛のパワーというものさ！

564 ground

[gráund] グラウンド　名 地面

Don't sit on the ground.

▷地べたに座るなよ。

あんたに触るくらいならこっちの方がマシ！
ぺたんっ
地べたに座るなよ！

□ 565 cherry

[tʃéri] チェリィ ｜ 名 サクランボ，桜

I baked a cherry pie for him.

▷あたくし、彼のためにチェリーパイを焼いてみましたの。

ああ愛しの半太さん
あたくし彼のためにチェリーパイを焼いてみましたの
ずら〜〜〜〜〜っ

STEP 3

□ 566 piece

[píːs] ピース ｜ 名 1つ，かけら

Can I have a piece?

▷一切れくれない？

こんなにあるなら一切れくれない？
ダメですわっ！

□ 567 reason

[ríːzn] リーズン ｜ 名 理由

Tell me the reason.

▷理由を教えてよ。

えっダメ!?理由を教えてよ…
あたくしサイズなので一切れでも無くなってしまうんです！
通常サイズ
リスサイズ

□ 568 dark

[dá:rk] ダーク　形 暗い

It's so dark in here.

▷ここ、すごく暗いんだけど。

ここすごく暗いんだけど

□ 569 afraid

[əfréid] アフレイド　形 こわがって

Honey, don't be afraid.

▷ハニー、怖がるなよ。

ハニー怖がるなよ
オレ様がついてるだろ

□ 570 wind

[wínd] ウィンド　名 風

The wind is so strong today.

▷今日は風が強いぜ。

変な奴は絶対近づかせない!!
ゴオッ
すさまじい風圧…!
今日はウインドが強いぜ

STEP 3

□ 571 egg

[ég] エッグ ┊ 名 卵

ハンナちゃんのお願いで池面家にお泊まりしました
エッグはどうしてほしい？
レストランで朝食の時に聞かれるやつだ…！

How would you like your eggs?

▷卵はどうしてほしい？

STEP 3

□ 572 hungry

[hʌ́ŋgri] ハングリィ ┊ 形 空腹の

でも相手は池面だからな…
結構です！ぜーんぜんおなか空いてない
そんなこと言うなよお前と朝食を取りたいんだ
キモッ！

I'm not hungry at all.

▷ぜ～んぜん、おなか空いてない。

□ 573 pass

活用 pass-passed-passed

[pǽs] パス ┊ 動 ～を手渡す，(時が)たつ

ハンナちゃん塩取ってもらえる？
ゆで卵ってことか？OK…
そうじゃなく！
悪霊退散！
べしゃっ
どうぞ

Pass the salt, please.

▷塩取ってもらえる？

574 produce

活用 produce-produced-produced

[prədúːs] プラドゥース | 動 ～を生産する，制作する

この映画
オレ様がプロデュース
したんだ

I produced this movie.

▷この映画、オレがプロデュースしたんだ。

575 floor

[flɔ́ːr] フロァ | 名 床，階

床に伏せろ！

Get down on the floor!

▷床に伏せろ！

576 lie

活用 lie-lay-lain

[lái] ライ | 動 横になる

ソファに横になれよ
伏せる動作がいちいちパンダっぽい!!

Lie down on the couch.

▷ソファに横になれよ。

STEP 3

577 contest

[kántest] カンテスト | 名 コンテスト

I entered a beauty contest.

ミスコンテスト
エントリー募集中
ミスコンに応募しちゃった♥

▷ミスコンに応募しちゃった。

578 short

[ʃɔ́ːrt] ショート | 形 短い，（背が）低い

Is my skirt too short?

衣装どうしよ…私のスカート短すぎるかな？
短すぎだ！これを着ろ！
池面!?

▷私のスカート、短すぎるかな？

579 spend

活用 spend-spent-spent

[spénd] スペンド | 動（お金）を使う，（時間）を過ごす

How much money did you spend on this?

これは長すぎでしょ…
池面あんたこれにいくらお金使ったのよ？

▷あんた、これにいくらお金使ったのよ？

580 pen

[pén] ペン　名 ペン

あんたのペン借りてもいい？
いいぜ
っていうかやるよ

Can I borrow your pen?

▷あんたのペン、借りてもいい？

STEP 3

581 dear

[díər] ディア　形 (手紙で)親愛なる～様

Dear my future wife,
Dear my future wife
スッ
いらない！他のないの!?
じゃあこれを…
ぽいっ
スッ

Dear my future wife,

▷親愛なる、オレの未来の妻へ

582 dish

[díʃ] ディッシュ　名 皿,
(the dishes で) 食器類,
料理

I will wash the dishes for you.
スッ
いつでもお前に渡せるように色々用意している
世界一無駄な準備を…！

I will wash the dishes for you.

▷お前のために、皿洗いはオレがするよ。

□ 583 event

[ivént] イヴェント | 名 行事

うちの学校独特だけど
どんな学校行事があるの？
白鳥さん転入生だから
知らないか
えーと例えば…

What kind of school events do you have?

▷どんな学校行事があるの？

□ 584 ice

[áis] アイス | 名 氷

夏は
流しそうめんがあるよ
池面くんが暑さに
弱いからね
氷が
溶けてるよ！
でもうまいな！
わい
わい

The ice is melting!

▷氷が溶けてるよ！

□ 585 classmate

[klǽsmèit] クラスメイト | 名 クラスメイト

池面！俺達
お前のクラスメイトで
嬉しいぜ！
わいわい
てれるぜ
池面卒業したら
どうなるのかな…

I'm happy to be your classmate.

▷お前のクラスメイトで嬉しいぜ。

□ 586 ride

活用 ride-rode-ridden

[ráid] ライド | 動 ～に乗る

あんた自転車乗れんの？
もちろん！後ろ乗っけてやるぜ！

Can you ride a bike?

▷あんた、自転車、乗れんの？

STEP 3

□ 587 excited

[iksáitid] イクサイティド | 形 興奮した

白鳥を乗せて青春するんだな…
しっかりつかまっとけ
早くもワクワクしてきたぜ…！

I'm getting excited already.

▷早くも興奮してきたぜ。

□ 588 drive

活用 drive-drove-driven

[dráiv] ドゥライヴ | 動 (車など) を運転する, 車を運転する

いや二人乗りは法律違反だから！
私は免許取っていつか車の運転をしたいな
もちろん隣はオレ様だろ？
んなわけないでしょ！
あらゆる手を使って同乗してきそうだな…

I want to drive a car someday.

▷いつか車の運転をしたいな。

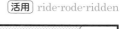

□ 589 top

[táp] タップ ┆ 名 (the topで) 頂上

世界のトップにいる
気分だぜ

I feel like I'm on the top of the world.

▷世界の頂点にいる気分だぜ。

STEP 3

□ 590 close

活用 close-closed-closed

[klóus] クロウス ┆ 形 近い，接近した
[klóuz] クロウズ ┆ 動 ～を閉める

オレ様は空に
近づいてるんだ
お前も来ないか？
白鳥

I'm getting close to the sky.

▷オレは空に近づいてるんだ。

□ 591 climb

活用 climb-climbed-climbed

[kláim] クライム ┆ 動 ～に登る

日本最高峰富士山剣ヶ峰
は!?
富士山登るのなんて
やだよ!!

I don't want to climb Mt. Fuji.

▷富士山登るのなんて、やだよ。

592 beach

[bíːtʃ] ビーチ | **名** 浜辺

オレ様ビーチパーティーを企画してんだよな

I'm planning a beach party.

▷オレ、浜辺のパーティーを企画してんだよな。

593 color

[kʌ́lər] カラァ | **名** 色

そして白鳥と――
お前のTシャツいい色だな
これあんたの好きな竹の色なの…
ムフフ…
I ♡ TAKE

I like the color of your T-shirt.

▷お前のTシャツ、いい色だな。

594 fight

活用 fight-fought-fought

[fáit] ファイト | **動** 戦う **名** 戦い

ビーチパーティー当日
戦う準備はできた… コテンパンにしてやるわ池面っ!!
こんなのは望んでないんだが!?

I'm ready to fight.

▷戦う準備はできた。

STEP 3

□ 595 poor

[púər] プァ 形 貧しい，かわいそうな

My grandfather was poor when he was a child.

▷オレの祖父は子どもの頃は貧しかったんだ。

オレ様の祖父は子どもの頃貧しかったんだ
だから物は長く大事に使えってよく言われてな…

□ 596 head

[héd] ヘッド 名 頭

My head is too big for this cap.

▷オレの頭、この帽子には大きすぎるな。

でもオレ様のヘッドこのぼうしには大きすぎるかな…

□ 597 cap

[kǽp] キャップ 名 ぼうし，キャップ

Take off your cap.

▷ぼうしを脱げよ。

大丈夫だよ似合ってる！
ね!?
おじいさんも喜ぶぜ!!
みんな…
サイズ合ってないからキャップを脱げと言えない雰囲気に…

□ 598 camera

[kǽmrə] キャムラ　名 カメラ

これ私の新しいカメラなんだ
でこっちがこないだ撮った私の写真！
じゃ〜ん

This is my new camera.

▷これ、私の新しいカメラなんだ。

□ 599 difference

[dífrəns] ディフランス　名 違い

違いは何なの？
同じに見える…。
こっちがきれいでこっちがかわいいでしょ

What's the difference?

▷違いは何なの？

□ 600 explain

活用 explain-explained-explained

[ikspléin] イクスプレイン　動 〜を説明する

どこらへんで違うの!?
もちろん説明できるよ
まずこっちが――
この後延々講義された

I can explain the difference.

▷違いを説明できるよ。

□ 601 potato

[pətéitou] パテイトウ　名 じゃがいも

池面はたまに自社の新メニュー開発も手伝います
ビーフステーキにはマッシュポテトがついてきます

The beef steak comes with mashed potatoes.

▷ビーフステーキには
マッシュポテトがついてきます。

□ 602 health

[hélθ] ヘルス　名 健康

それ健康に良くないぜ
もっと緑を取らなきゃな

It's not good for your health.

▷それ、健康に良くないぜ。

□ 603 delicious

[dilíʃəs] ディリシャス　形 おいしい

笹のソテーを添えるのはどうだ？
この笹はすごくうまかったぞ
スッ
は…はぁ
こういうことがあるのでたまにしか呼ばれない池面だった

This "sasa" was so delicious.

▷この笹はすごくうまかったぞ。

□ 604 T-shirt

[tíːʃəːrt] ティーシャート　名 Tシャツ

There is a hole in your T-shirt.

あんたのTシャツ穴空いてる
おっと! 代わりの服買うか

▷あんたのTシャツ、穴空いてる。

STEP 3

□ 605 pay

活用 pay-paied-paied

[péi] ペィ　動 払う, ～を支払う

Can I pay by credit card?

買い物後
クレジットカードで払えるか?
かしこまりました
ドキドキ
もしかしてブラックカード…?

▷クレジットカードで払えるか?

□ 606 company

[kʌ́mpəni] カンパニィ　名 会社

My father runs the credit card company.

白黒カード!?
うちの親父クレジットカード会社を経営してるんだ
これはオリジナルカードだ
すごい世界だ…

▷うちの親父、
クレジットカード会社を経営してるんだ。

 farm

[fá:rm] ファーム | 名 農場

なんて大きな農場なの！

What a large farm!

▷なんて大きな農場なの！

608 farmer

[fá:rmər] ファーマァ | 名 農場経営者，農家の人

私農場経営者と結婚したいなー♥
いいねー!!

I want to marry a farmer.

▷私、農場経営者と結婚したいな。

609 project

[prádʒekt] プラヂェクト | 名 計画

池面！白鳥さんとの結婚プロジェクト進めるために全力つくせよ！
頑張って！
おう！
悪寒がする…

Do your best to drive the project.

▷計画を進めるために、全力を尽くせよ。

610 wife

[wáif] ワイフ　名 妻

It is your fate to be my wife.

▷お前はオレの妻になる運命なんだよ。

お前はオレ様のワイフになる運命なんだよ

STEP 3

611 finally

[fáinəli] ファイナリィ　副 ついに，最後に

I finally found you.

▷オレはついにお前を見つけたのさ。

ずっと運命の女を探してた… そして オレ様はついに お前を見つけたのさ

612 wall

[wɔ́:l] ウォール　名 壁

Don’t bang on the wall.

▷壁をドンドン叩かないでよ。

汚れてるじゃない! 壁をドンドン叩かないでよ!
…すみません…

□ 613 heavy

[hévi] ヘヴィ　形 重い

Your bag is too heavy.

▷お前のバッグ、重すぎ。

お前のバッグ重すぎ！何入れてんだ？
ずしっ

□ 614 guess

活用 guess-guessed-guessed

[gés] ゲス　動 ～を推測する，言い当てる

Guess what?

▷なんだと思う？

なんだと思う？
オレ様に関するものだろ？なーんて…
当たり
え…っ!?
ドキッ

□ 615 deep

[dí:p] ディープ　形 深い　副 深く

Take a deep breath.

▷深呼吸しなさいよ。

これでオレ様に何かするとかじゃ…ないよな…？
なに緊張してんの？深呼吸しなさいよ
ドキ
ドキ

STEP 3

□ 616 graph

[græf] グラフ　名 グラフ

私グラフ描くのうまいんだよね
ぐすっ ずずっ

I'm good at making graphs.

▷私、グラフを描くの、うまいんだよね。

□ 617 suddenly

[sʌ́dnli] サドゥンリィ　副 突然

ぐすっ ずずっ
池面!?
彼急に泣き始めたんだよ
何があったの!?

He suddenly started crying.

▷彼は急に泣き始めたんだよ。

□ 618 police

[pəlíːs] パリース　 警察

白鳥がオレ様のために竹を描いてくれて…
愛されてるなって…
竹＝グラフ
変態!! 警察を呼んで!!

Call the police!

▷警察を呼んで！

□ 619 rainy

[réini] レイニィ | 形 雨降りの

I want to stay home on rainy days.

▷雨の日はおうちにいたいな。

白鳥 今日どこか 出かけないか
雨の日は おうちにいたいな

STEP 3

□ 620 sunny

[sʌ́ni] サニィ | 形 晴れた，日当たりのよい

It's a sunny day today.

▷今日はいい天気だぜ。

いや今日は いい天気だぜ？
あー今日 歯医者の予約が 日曜だけども

□ 621 real

[ríːəl] リーアル | 形 本当の，現実の

Tell me the real reason.

▷本当のわけを話せよ。

断る本当の わけを話せよ
池面が嫌い
食い気味に 言うな傷つく
でもオレ様はお前の 素直なところ好きだぜ
そういうところだよ!!

□ 622 traditional

[trədíʃənl] トゥラディショヌル ┆ 形 伝統的な

オレ様日本の伝統音楽が好きなんだよ
へー意外…

I like Japanese traditional music.

▷オレ、日本の伝統音楽が好きなんだよ。

□ 623 ticket

[tíkit] ティキット ┆ 名 チケット，切符

特にこの曲がいいんだ
演奏会行くか？
1列目のチケット持ってるぜ
どれどれ…

I have tickets for the front row.

▷1列目のチケット、持ってるぜ。

□ 624 singer

[síŋər] スィンガァ ┆ 名 歌手

この曲たくさんの歌手がカバーしてるんだよな
ハァ～ たけだけしい
お主にくびったけ～～
あったけえ心が～
笙で奏でられた大ヒットソング
『キミに首っ竹』
日本の伝統的な雅楽器
笙(しょう)
細い竹管を合わせて作られている
伝統音楽というより竹が好きなんでは…？

This song is covered by many singers.

▷この曲、たくさんの歌手がカバーしてるんだよな。

STEP 3

□ 625 collect

活用 collect-collected-collected

[kəlékt] カレクト　動 ～を集める

私かわいいシールを集めるのが好きなんだ
へぇ見せてくれるかい？

I like to collect cute stickers.

▷私、かわいいシールを集めるのが好きなんだ。

□ 626 dollar

[dálər] ダラァ　名 ドル

1ドル借してくれないか？

Can I borrow a dollar?

▷ 1ドル、借してくれない？

□ 627 recycle

活用 recycle-recycled-recycled

[riːsáikl] リーサイクル　動 ～をリサイクルする

若い子の「カワイイ」がわからない…!
…かわいいね…
でしょー!?
牛乳パックはリサイクルしないとな
MILK

You should recycle milk cartons.

▷牛乳パックはリサイクルしないとな。

□ 628 bye

[bái] バィ

間 バイバイ（ごく親しい関係で使うgoodbyeの短縮形）

Bye, see you tomorrow!

バイバイ
また明日ね
バイバーイ
……

▷バイバイ、また明日ね。

□ 629 goodbye

[gùdbái] グッドバィ

間 別れのあいさつ
名 さようなら

I don't want to say goodbye to you.

お前に
サヨナラなんて
言えねえよ
は!?
挨拶くらい
しなさいよ!!
ぷいっ

▷お前にサヨナラなんて言えないよ。

□ 630 repeat

活用 repeat-repeated-repeated

[ripí:t] リピート

動 ～を繰り返す

Repeat after me.

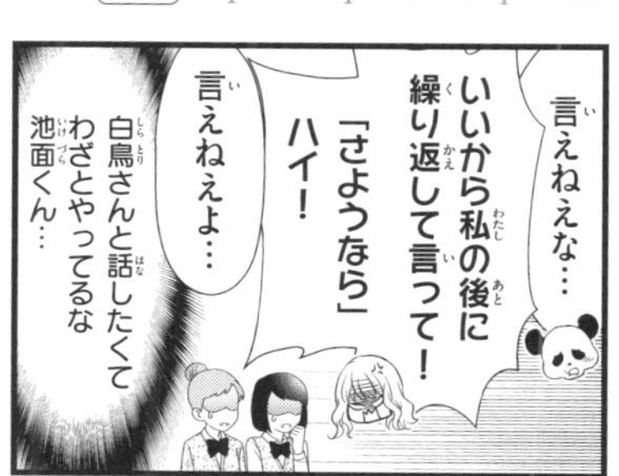

言えねえな…
いいから私の後に
繰り返して言って!
「さようなら」
ハイ!
言えねえよ…
白鳥さんと話したくて
わざとやってるな
池面くん…

▷私のあとに繰り返して言って。

STEP 3

631 business

[bíznis] ビズニス　名 仕事

うちの親父は今
仕事でロンドンにいるぜ
オレ様も昔
行ったことがある

My father is in London on business now.

▷うちの親父は今、仕事でロンドンにいるぜ。

632 tower

[táuər] タウァ　名 塔，タワー

時計塔は思ったより
小さかったな
Big
Ben
いやいや!
96・3mもあるのに!!

The clock tower was smaller than I thought.

▷時計塔は思ったより小さかったな。

633 fact

[fǽkt] ファクト　名 事実

オレ様クラスになると
地球上の全てが
小さく思えるんだ
オレ様は
その事実を知って
衝撃を受けたぜ
フゥ…
自分に自信が
ありすぎる…!

I was shocked to know the fact.

▷オレはその事実を知って、衝撃を受けたぜ。

634 hotel

[houtél] ホウテル　名 ホテル

オレ様の親父
高級ホテルも経営
してるんだよ

My father also runs a luxury hotel.

▷オレの親父、高級ホテルも経営してるんだよ。

635 field

[fí:ld] フィールド　名 畑, 野原

ほら白鳥
ここからひまわり畑が
見えるんだぜ
素敵…！

You can see the sunflower field from here.

▷ここからひまわり畑が見えるんだぜ。

636 gift

[gíft] ギフト　名 贈り物

そして
これはお前への
贈り物だ
素敵…
なんてな…
妄想
しないで！
あと想像上の私
語彙なさすぎ!!

This is a gift for you.

▷これはお前への贈り物だ。

□ 637 hair

[héər] ヘァ ｜ 名 髪の毛

私ロン毛の男子が好きなの
池面には絶対できない髪型を言っとこう
そーなの？意外ー

I like boys with long hair.

▷私、ロン毛の男子が好きなの。

□ 638 cut

活用 cut-cut-cut

[kʌ́t] カット ｜ 動 ～を切る

しまった！オレ様昨日髪をカットしてもらったんだ！
ダメ元で聞くが昨日のオレ様の髪の毛残ってないか？
それを繋ぎ合わせてウィッグを作れば…

I had my hair cut yesterday.

▷昨日、髪を切ってもらったんだ。

□ 639 half

[hǽf] ハフ ｜ 名 半分
形 半分の

昨日どころか今まで切った分まで保存してますよ！
どさっ
半分で十分だぜ…
いや冷静に考えるとヤバくないか!?
自分より変な人間がいると冷静になる法則

Half is enough for me.

▷半分で十分だぜ。

640 easily

[í:zili] イーズィリィ　副 簡単に

「愛してる」なんて
そう簡単に言えないぜ
いつもストレートに
伝えすぎてるし
別の方法を試そう

I can't say "I love you" so easily.

▷「愛してる」なんて、そう簡単に言えないぜ。

STEP 3

641 moon

[mú:n] ムーン　名（the moon で天体の）月

今夜は
月がきれいだな
「月がきれいですね」は
愛してるという意味…！
どうだ白鳥!?

The moon is beautiful tonight.

▷今夜は月がきれいだぜ。

642 receive

活用 receive-received-received

[risí:v] リスィーヴ　動 ～を受け取る

ええ？
曇ってない？
白鳥!? ちゃんと
オレ様のラブレター
受け取ったか？
え!?
いつ送った!?
受け取り拒否
しなきゃ！
そういう
ことではなく…
遠回しでも伝わらない

Did you receive my love letter?

▷オレのラブレター、受け取ったか？

□ 643 uncle

[ʌ́ŋkl] アンクル　名 おじ

My uncle is a movie star.

▷オレのおじは映画スターなんだよ。

オレ様のおじは映画スターなんだよ
!?
ということは人間!?

□ 644 follow

活用 follow-followed-followed

[fálou] ファロゥ　動 ～について行く，～に従う

Follow me.

▷オレについてこい。

とうとう池面何者問題の謎が解ける…!
どきどき
オレ様についてこい出演作見せてやるぜ

□ 645 save

活用 save-saved-saved

[séiv] セイヴ　動 ～を救う，～を節約する

You saved my life.

▷お前はオレの命の恩人だぜ（お前はオレの命を救った）。

お前はオレの命の恩人だぜ
こっちがおじだな
容姿非公開のスーツアクターなんだ
結局真相は謎のまま…!

STEP 3

646
test

[tést] テスト ｜ 名 テスト，試験

明日英語のテストがあるんだよね…気合入れなきゃ！
ENGLISH

I have an English test tomorrow.

▷明日、英語のテストがあるんだよね。

647
abroad

[əbrɔ́:d] アブロード ｜ 副 外国へ，（study abroadで）留学する

いつか留学したいなって思ってるの
そーなんだ！
何っ!?

I want to study abroad someday.

▷いつか留学したいな。

648
check

活用 check-checked-checked

[tʃék] チェック ｜ 動 〜を調べる，〜を確認する

具体的には!?
オレ様のスケジュール調べてみるぜ！
待って一緒に留学する気!?

I'll check my schedule.

▷オレのスケジュール、調べてみるよ。

STEP 3

□ 649 comic

[kámik] カミック ┊ 名 マンガ

You should read this comic book.

▷このマンガ、読むべきだぜ。

白鳥 このコミック読むべきだぜ

□ 650 wonder

活用 wonder-wondered-wondered

[wʌ́ndər] ワンダァ ┊ 動 不思議に思う, ～だろうかと思う

I wonder why you love me.

▷お前がなぜオレを好きなのか、不思議に思うよ。

お前がなぜオレを好きなのか不思議に思うよ
弱気になるなんてらしくない!
私はあんたの俺様なところが好きなの!!
初めて見るマンガだな…

□ 651 temple

[témpl] テンプル ┊ 名 寺

There is a temple near my house.

▷私んちの近くに寺があるんだ。

まさかの自作
オレ様ラブストーリー
池面半太
私んちの近くに寺があるんだ
お焚き上げしてもらわなきゃ
待ってくれ!!
力作なんだ!!
じゃあなおさらよ!!

□ 652 college

[kálidʒ] カリッヂ　名 大学

うちのお姉ちゃん
女子大に通っているの！
楽しそうだよ
へー
女子大もいいね

My sister goes to a women's college.

▷うちのお姉ちゃん、女子大に通っているの。

□ 653 university

[jùːnəvə́ːrsəti]
ユーナヴァースィティ　名 大学，総合大学

白鳥が望むなら
オレ様は何でもするぜ!!
池面!?
何その格好
オレ様達同じ
ユニバーシティに
行くんだ
女子大なら
こうだろ
…

We're going to the same university.

▷オレたち、同じ大学に行くんだ。

□ 654 quickly

[kwíkli] クウィックリィ　副 すばやく

早く服
着替えなさいよ
はい…
それ以前にまず
受験が無理だよ
池面くん…！

Change your clothes quickly.

▷早く服、着替えなさいよ。

STEP 3

STEP 3

□ 655 milk

[mílk] ミルク ｜ 名 牛乳

I want some tea with milk.

池面家ティーパーティーにお呼ばれした
ミルクティーが欲しいぜ
かしこまりました

▷ミルクティーが欲しいぜ。

□ 656 garden

[gá:rdn] ガードゥン ｜ 名 庭，庭園

Your garden is so beautiful.

半太さん
あなたのガーデン
とても美しいですわね

▷あなたのお庭、とても美しいですわね。

□ 657 photo

[fóutou] フォウトゥ ｜ 名 写真

Let's take a photo.

そんなに気に入ったならフォト撮ろうぜ
では皆様お庭に並んでください
パ
撮った後庭に馴染みすぎてリズが見つからない事件発生

▷写真、撮ろうぜ。

□ 658 shoe

[ʃúː] シュー | 名 くつ（左右両方のくつをさすときはshoesという）

くつ屋に財布
忘れてきちゃったぜ
あっ池面様！
お財布をお預かり
しております！
池面!?

I left my wallet at the shoe store.

▷くつ屋に財布、忘れて来ちゃったぜ。

□ 659 seat

[síːt] スィート | 名 席，座席

ついでだからあいつに
靴を選ぼうかな
かしこまりました
どうぞ
おかけになって
ください
ええ!?

Take a seat, please.

▷どうぞ席におかけください。

□ 660 design

[dizáin] ディザイン | 名 デザイン

ほら！
このデザインお前に
似合いそうだぜ！
じゃん
自分とペアルックに
させるつもりか…!?

I think this design will suit you well.

▷このデザイン、お前に似合いそうだな。

661 oil

[ɔ́il] オイル | 名 油，石油

I bought this olive oil in Italy.

このオリーブオイルはイタリアで買ったんだお前にやるよ
OLIVE OIL
ってことでパンにつけて食べたら
ぱあぁっ
おいしすぎる…！

▷このオリーブオイルはイタリアで買ったんだ。

STEP 3

662 full

[fúl] フル | 形 いっぱいの，満腹で

I'm full!

あー！おなかいっぱい！
美味しすぎて平らげちゃった…！

▷おなかいっぱい！

663 actually

[ǽktʃuəli] アクチュアリィ | 副 実際に

Did you actually eat all this?

かれん！あんたほんとにこれ全部食べたの!?
総カロリーすごいわよ!?
体大丈夫!?
だ…大丈夫だよママ…明日から節制する…
OLIVE OIL

▷あんた、ほんとに（実際に）これ全部食べたの？

□ 664 view

[vjúː] ヴュー　名 ながめ，物の見方

ああ！
なんて素晴らしい
眺めなの！
うちの子最高！

What a great view!

▷なんてすばらしい眺めなの！

STEP 3

□ 665 system

[sístəm] スィスティム　名 制度，組織

お前
教育制度について
どう思う？
難しい
問題ですね
お兄様…
まあ！
うちの子達ってば
なんて賢いの!?

What do you think about the educational system?

▷お前、教育制度について、どう思う？

□ 666 son

[sʌ́n] サン　名 息子

——っていうのが
うちの母親だ
よく母親の部下から
「彼女は自分の息子が
自慢なんだ」って
言われてるぜ
素敵な
お母さんね…
でもいまだに生態が謎

She is proud of her son.

▷彼女は自分の息子が自慢なんだ。

□ 667 newspaper

[nú:zpèipər] ヌーズペイパァ | 名 新聞

I read the newspaper every morning.

▷私、毎朝新聞を読むんだ。

これでも私毎朝新聞を読むんだ
ふふん
どこの新聞だ?
○○新聞だけど

□ 668 imagine

活用 imagine-imagined-imagined

[imǽdʒin] イマヂン | 動 ~を想像する

Imagine our wedding day.

▷オレたちの結婚式の日を想像してみろよ。

後日
オレたちの結婚式の日を想像してみろよ、かれん
お前が望めば、すぐにかなえてやるぜ
半太より
○○新聞の全広告買い取ってやったぜ!
白鳥! 新聞どうだった!?
え…

□ 669 angry

[ǽŋgri] アングリィ | 形 (かんかんに)怒った

I'm not angry with you.

▷オレ、お前に怒ってなんかいないぜ。

今日もオチが良かったなって…
お前四コマしか読んでないな!?
キレないでよ!!
オレ様お前に怒ってなんかいないぜ
白鳥を理解しきれなかった自分に怒ってるんだ…

□ 670 ocean

[óuʃən] オウシャン　名 海，海洋

このオーシャンは太平洋だぜ
コツン
それくらいは知ってるわ！

This ocean is the Pacific Ocean.

▷この海は太平洋だぜ。

□ 671 island

[áilənd] アイランド　名 島

この島は天国に一番近い島と言われてるんだぜ
ふーん
そしてここには
地図に載らないオレ様の島がある

This island is said to be the closest to heaven.

▷この島は天国に一番近い島と
いわれているんだぜ。

□ 672 strange

[stréindʒ] ストゥレインヂ　形 変な，奇妙な

今度2人で行かないか
おい！あの変な音はなんだ!?
池面くんと白鳥さんでーす
またか

What's that strange sound?

▷あの変な音はなんだ？

STEP 3

673 leg

[lég] レッグ　名 脚

Don't cross your legs while eating.

▷食事中に脚を組んじゃだめだぜ。

食事中に脚を組んじゃだめだぜ
おっと確かにそうだな

STEP 3

674 cup

[kʌ́p] カップ　名 カップ，茶わん

Here is your cup.

▷はい、これお前のコップ。

小言言って悪かったな はい これ お前のコップ
いやこちらこそ…

675 coffee

[kɔ́:fi] コーフィ　名 コーヒー

This coffee tastes so good.

▷このコーヒーは実にうまいぞ。

このコーヒーは実にうまいぞ
池面くん マナー守って素敵…
足組めないのは長さが足りないからだと思うけど…

活用 pick-picked-picked

[pík] ピック　動 ～をつむ，～を選ぶ

ここで花を摘んじゃいけないぜ

Do not pick flowers here.

▷ここで花を摘んじゃいけないぜ。

[rúːl] ルール　名 規則

校則は
守らなくちゃダメだぜ

You have to follow the school rules.

▷校則は守らなくちゃダメだぜ。

[ɔ́ːlmoust] オールモウスト　副 ほとんど，だいたい

最初シャレで作ったんだけど それほとんどの生徒が気に入ったみたい
風紀委員がヒマで解散したの
池面効果すごいな…！

Almost all the students liked it.

▷それ、ほとんどの生徒が、気に入ったみたい。

STEP 3

□ 679 rock

[rák] ラック　名 岩，ロック

日曜日
岩登りに
行こうぜ！

Let's climb up on rocks on Sunday.

▷日曜日、岩登りに行こうぜ。

□ 680 else

[éls] エルス　副 その他に

まさか
あんたと私だけじゃ
ないわよね？
その他に
誰が来るの？
ニコッ
え…っ

Who else is coming?

▷その他に誰が来るの？

□ 681 slowly

[slóuli] スロゥリィ　副 ゆっくりと

あんたと2人で
岩に登ってなんか
私にメリットある？
プル
プル
彼女は
ゆっくりと
話し始めた
あの池面が
小鹿のように震えていて
僕たちも震えた

She started to talk slowly.

▷彼女はゆっくりと話し始めた。

STEP 3

682 forward

[fɔ́ːrwərd] フォーワァド | **副** 前方へ

たまに妄想する
もしオレ様が教師で
白鳥が生徒なら――…
名前を呼ばれたら
前に出てきなさい
白鳥かれん
ガタッ
はっはい!

If your name is called, come forward.

▷名前を呼ばれたら、前に出て来なさい。

683 voice

[vɔ́is] ヴォイス | **名** 声

先生…あの
私何か…?
お前のヴォイスが
聞きたかっただけさ

I just wanted to hear your voice.

▷お前の声が聞きたかっただけさ。

684 fan

[fǽn] ファン | **名** ファン，うちわ

えっキモっ
ほんと無理
妄想の中でさえ
フラれるなんて
池面くん!?
何かあった!?
元気だせ!
オレはお前の
大ファンだからな!?

I'm a big fan of yours.

▷オレはお前の大ファンだからな。

STEP 3

□ 685 pet

[pét] ペット | 名 ペット

I'm shampooing my pet.

パッ
くリズちゃん
今何してる？
ペットをシャンプーしているところですわ

▷ペットをシャンプーしているところですわ。

□ 686 continue

活用 continue-continued-continued

[kəntínjuː] カンティニュー | 動 ～を続ける

I can continue talking about it forever.

ブブブッ ブブブッ
リズちゃーん！ かわいい写真ありがと！ ワンちゃんの名前は!? 何歳!?
その話題なら あたくしいつまでも 話し続けられますわ
いつもなら 大迷惑ですけどね

▷その話題なら、あたくしいつまでも話し続けられますわ。

□ 687 matter

[mǽtər] マタァ | 名 事柄，問題

It's a personal matter.

翌日
お… おはよう ございます…
げほっ
嶋さん風邪？ 何かあった？
それは個人的な 事柄です ノーコメントですわ
長時間通話してしまった!!

▷それは個人的な事柄ですわ。

□ 688 brown

[bráun] ブラウン　形 茶色の

池面と二人三脚をすることになってしまった
お前きれいなブラウンの目をしてるんだな

You have beautiful brown eyes.

▷お前、きれいな茶色の目をしてるんだな。

□ 689 touch

活用 touch-touched-touched

[tʌ́tʃ] タッチ　動 ～にさわる

私の顔に触らないでよ!!
だっ
うおっ!?

Don't touch my face.

▷私の顔に触らないでよ。

□ 690 lucky

[lʌ́ki] ラッキィ　形 ついてる，幸運な

そのまま引きずった
一位になっちゃった私ってラッキー!

I won first place. Lucky me!

▷ 1位になっちゃった。
私ってラッキー(ついてる)!

STEP 3

STEP 3

□ 691 weekend

[wí:kènd] ウィークエンド　名 週末

半太さんとあたくし（と白鳥さん）でひまわり畑を見に行くことになりました！
週末が待ちきれない〜！

I can't wait for the weekend.

▷週末が待ちきれない。

□ 692 feeling

[fí:liŋ] フィーリング　名 感情，(one's feelingsで) 気持ち

なのに――！
ザァァァ～
仕方ないって…そんなにがっかりすることないよリズちゃん
ザァァ
あたくしの気持ちもお考えになって!!

Think about my feelings!

▷あたくしの気持ちをお考えになって！

□ 693 yellow

[jélou] イエロウ　形 黄色い

楽しみすぎて黄色いものを見るたび幸せになっていたんですのよ!?
リズちゃん…そこまで…
うわ〜ん

I felt happy every time I saw yellow things.

▷黄色いものを見るたび
幸せになっていたんですの。

694 meal

[mí:l] ミール ｜ 名 食事

I don’t eat between meals.

池面家にお呼ばれした
このクッキーおいしー！
あんたは食べないの？
もぐ
もぐ
オレ様は間食は
しないぜ
ふーん？

▷オレは間食はしないぜ
（食事の間に食べないぜ）。

695 wood

[wúd] ウッド ｜ 名 木材

This chair is made of wood.

そういえば
あんたん家って家具全部
竹で揃えてたりする？
きょろ
きょろ
いや
このいす木製だぜ

▷このいすは木製だぜ（木でできているぜ）。

696 ready

[rédi] レディ ｜ 形 準備ができた

The dinner is ready.

昔よく坊っちゃまが
家具をおやつにして
しまっていたので
木製に変えたんです
こらバラすな！
ほらディナーの準備が
できたぜ！

▷ディナーの準備ができたぜ。

STEP 3

697 hat

[hǽt] ハット | 名 ぼうし

みんなで乗馬に来ました
白鳥さん
そのカウボーイハットは
何のためですの？
やっぱ乗馬と言ったら
これでしょ！

What's the cowboy hat for?

▷そのカウボーイハットは何のためですの？

STEP 3

698 kid

[kíd] キッド | 名 子ども

子どもみたいなマネ
しないでくださいまし！
だよね！
ゴメンゴメン
…
オレ様も白鳥と
キャッキャしたい！
きゃっ
きゃっ

Don't act like a kid.

▷子どもみたいなマネしないでくださいまし。

699 age

[éidʒ] エイヂ | 名 年齢

確かに
お前は年齢よりも
若く見えるな
は？馬鹿にしてんの？
理不尽だ!!

You look young for your age.

▷お前は年齢よりも若く見えるな。

□ 700 report

[ripɔ́ːrt] リポート | 名 報告，レポート

歴史のレポート
金曜締め切りだよ
提出は私にね

The history report is due on Friday.

▷歴史のレポート、金曜締め切りだよ。

□ 701 plane

[pléin] プレイン | 名 飛行機

白鳥お前に
ペーパープレインを
作ってやるよ
ちょ…っ!
別にいらないんだけど!
スイ

I'll make a paper plane for you.

▷お前に紙飛行機を作ってやるよ。

□ 702 mistake

活用 mistake-mistook-mistaken

[mistéik] ミステイク | 名 間違い
動 ～を間違える

これレポートよね?
なんで普通に渡さない?
かっこいい
かなって…
白鳥さんやめろ!
誰だって間違いを
おかすんだ!
ストン

Everyone makes mistakes.

▷誰だって、間違いをおかすんだ。

STEP 3

□ 703 nurse

[nə́ːrs] ナース　名 看護師

私ナースに
なるために勉強中なの
白鳥さんは
将来のために
してることある?
美しさの勉強かな

I'm studying to be a nurse.

▷私、看護師になるために勉強中なの。

□ 704 goal

[góul] ゴウル　名 ゴール，目標

私の人生のゴールは
女優になることだもん
えっ何だそれ!

My goal in life is to be an actress.

▷私の人生のゴールは女優になることだもん。

□ 705 planet

[plǽnit] プラニット　名 惑星

お前のゴールは
オレ様の嫁だろ!?
は!? あんた
どこの惑星から
やってきたのよ!?
ねえみんなは何か
やってる?
けんかが日常すぎて
もうBGMと化していた

What planet are you from?

▷あんた、どこの惑星からやってきたのよ。
(英語で「何ばかなこと言ってんの?」というニュアンスで使う)

□ 706 meeting

[míːtiŋ] ミーティング | 名 会議，会合

例の会に
ついての会議は
ウェブ会議に
変更されたぜ兄貴
了解だ
ヘマすんじゃねえぞ

The meeting was changed to a web meeting.

▷会議はウェブ会議に変更されたぜ。

STEP 3

□ 707 plastic bag

[plǽstik bǽg] プラスティックバッグ | 名 ビニール袋

当日はビニール袋
持ってくるの
忘れんなよ
ブツが万が一
外に漏れでもしたら
大ごとだからな
おうよ

Don't forget to bring a plastic bag.

▷ビニール袋、持ってくるの忘れんなよ。

□ 708 hall

[hɔ́ːl] ホール | 名 ホール，会館

じゃあ皆
コンサートホールで
会おうぜ
ククク
楽しみだぜ…！
池面ハンナ
ファンクラブ
おわたし会
場所 ○○コンサートホール
サイン入りチェキを
直接渡してもらえます
様々な人間を
虜にする罪な生物パンダ

I'll meet you at the concert hall.

▷コンサートホールで会おうぜ。

□ 709 rest

[rést] レスト　名 休息

Let's take a rest.

▷休憩しようぜ。

□ 

710 orange

[ɔ́:rindʒ] オーリンヂ　名 オレンジ　形 オレンジ色の

The orange juice was too sweet for me.

オレンジジュース
オレには甘すぎたな

▷オレンジジュース、オレには甘すぎたな。

□ 711 plastic bottle

[plǽstik bátl] プラスティックボトル　名 ペットボトル

I bought green tea in a plastic bottle.

ペットボトルのお茶買ってきたぜ
わ！サンキュ いくら？
いやいい その代わり――
こっちと飲み比べて感想をくれ！
どんっ
池面半太　現役DKながら事業も手掛ける

▷ペットボトルのお茶、買ってきたぜ。

712 dolphin

[dálfin] ダルフィン　名 イルカ

遠足で水族館に来ています
イルカショー見た？
もうすぐ始まるみたいだぜ

Did you see the dolphin show?

▷イルカショー、見た？

713 step

[stép] ステップ　名 歩み，1歩

そこの段差足元に気をつけろよ
イルカショー
こちら
イルカショー始まりまーす！
!?

Watch your step.

▷足元（歩み）に気をつけろよ。

714 jump

活用 jump-jumped-jumped

[dʒʌ́mp] ヂャンプ　動 とぶ，ジャンプする

なんか池面に近くない？
もっと高くとべるか？
コク コク
バシャッ
こんなにとぶのは初めてです！
動物同士通じるものがあるのかな

Can you jump higher?

▷もっと高く跳べる？

□ 715 tour

[túər] トゥア | 名 旅行

意外と知らない地元の観光に来てみました
この街を一周旅行しないか
オレ様ガイドのバイトはじめたんだ
ええっ!?

Let's take a tour around this town.

▷この街を一周旅行しないか。

STEP 3

□ 716 south

[sáuθ] サウス | 名 南

まず右に見えますのは――
うわっ!!
ワオ!素敵なガイドね!
え――と…あれ?南ってどっちだ?
ガイドになってない

Which way is south?

▷南ってどっちだ?

□ 717 land

[lǽnd] ランド | 名 陸地, 土地

ガイドとかもういいから
待て!案内させろ!えーと…あれだ色々あるけども
地球は海と陸でできているのさ
ざっくりしすぎ!!

The earth is made up of sea and land.

▷地球は海と陸でできているのさ。

718 cute

[kjúːt] キュート | 形 かわいい

Your cat is so cute.

▷お前の猫、かわいいなぁ。

お前の猫キュートだなあ
そうなんだよサンキュ！

STEP 3

719 video

[vídiòu] ヴィディオゥ | 名 動画，ビデオ

I like watching animal videos.

▷オレ、動物の動画観るのが好きなんだよ。

オレ様動物の動画観るのが好きなんだよ
いやされるよなー
……

720 side

[sáid] サイド | 名 側面

Look on the bright side of life.

▷くよくよするなよ
（人生の明るい面を見ろよ）。

動物が動物の動画を愛でるってなかなかシュールだよね…
嫌なことでもあったのか？白鳥
くよくよするなよ

STEP 3

□ 721 local

[lóukl] ロウクル　形 地元の，その地域の

I enjoyed the local food of Osaka.

▷大阪の地元の食べ物、楽しんだよ。

karen-beauty　大阪の地元の食べ物
楽しんだよ
#親せきが大阪　#コナモノおいしい

□ 722 clothes

[klóuz] クロウズ　名 衣服

I bought so many clothes.

▷いっぱい服、買っちゃった。

あー楽しかった！
karen-beauty　いっぱい服、買っちゃった
#安い　#かわいいのいっぱい！

□ 723 reach

活用 reach-reached-reached

[ríːtʃ] リーチ　動 ～に着く，～に届く

I'll reach the train station in a few minutes.

▷あと数分で駅に着くぜ。

く 池面
あと数分で
駅につくぜ
よぉ！オレ様も混ぜてくれよ
ストーカー!!
えっ!?

□ 724 Christmas

[krísməs] クリスマス　名 クリスマス

Last Christmas, I had dinner with my family.

▷去年のクリスマス、家族と食事したんだ。

クリスマスの思い出の話題になった
去年のクリスマス家族と食事したんだ
レストランで

□ 725 tomato

[təméitou] タメイトウ　名 トマト

I don't like tomatoes.

▷オレ、トマトはキライなんだよな。

俺トマトは嫌いなんだよな
お父様好き嫌いはいけませんよ
父さん子供みたいだぜ
トマト抜きなんてわがままよ！

□ 726 order

活用 order-ordered-ordered

[ɔ́:rdər] オーダァ　動 ～を注文する　名 注文

I didn't order this.

▷これ、注文してないぜ。

お客様トマト抜きのパスタになります
これ注文してないぜ？
あちらのお客様からです
食事を楽しんでと…
しかもおごってくれた
愛される動物は違うな…

STEP 3

□ 727 ski

活用 ski-skied-skied

[skíː] スキー

動 スキーをする
名 スキー板

スキーに行こうぜと誘われてやってきた
あっ！怪人だ！やっつけろ！
ん？やれるもんならやってみろ！
ノリノリだな池面…

Let's go skiing.

▷スキーに行こうぜ。

STEP 3

□ 728 laugh

活用 laugh-laughed-laughed

[lǽf] ラフ

動 (声をだして) 笑う

よし怪人は雪に封印したぞ！
うゎーまけたー(棒)
あははは！
あー私大笑いしちゃった
まあオレ様寒さに強いから全然平気だけどな

I laughed out loud.

▷私、大笑いしちゃった。

□ 729 fill

活用 fill-filled-filled

[fíl] フィル

動 ～を満たす，(fill A with B で) A を B で満たす

その後
坊ちゃま顔色が悪いですよ!?
風呂にお湯を張ってくれ
いつもより熱めにな
けっこう我慢してた

Fill the bath with hot water.

▷お風呂にお湯を張ってくれ
(お風呂をお湯で満たしてくれ)。

□ 730 elephant

[éləfənt] エラファント | 名 ゾウ

What do elephants eat?

▷象って、何を食べるのかな？

どうでもいい話なんだけど象って何を食べるのかな？
草だよね 野菜は大丈夫なのかな
人間はOKでも動物はダメな野菜とかあるよね…

□ 731 set

活用 set-set-set

[sét] セット | 動 ～を置く，(太陽が) 沈む
名 一組，セット

Set the dish on the table.

▷テーブルに料理を置いてくれ。

池面！ こないだ勉強教えてくれたお礼だぜ！
どういたしまして テーブルに料理をおいてくれ

□ 732 however

[hauévər] ハウエヴァ | 副 しかし，けれども

However, you are an exception.

▷だけど、あんたは例外なんだよね。

がつがつ
もぐもぐ
うめー!!
だけど あんたは例外なんだよね…
めっちゃがっつくな…

STEP 3

733 notice

活用 notice-noticed-noticed

[nóutis] ノウティス

動 ～に気づく
名 通知，掲示

私が髪を切ったこと気づいた？
前髪をほんの少し切っただけだけど
ガーン
気づかなかった…オレ様としたことが…

Did you notice my new haircut?

▷私が髪を切ったこと気づいた？

734 road

[róud] ロウド

名 道路

わっ！池面くんどうしたの!?
でこぼこの道路で自転車で転んじまったぜ

I fell off my bike on a rough road.

▷でこぼこの道路で、自転車で転んじまったぜ。

735 center

[séntər] センタァ

名 中心，センター

地球の中心に何があるのか知りたいぜ…
なんかあいつ変じゃない？
白鳥さんの変化に気づけなかったのがショックだったみたい
めんどくさっ!!
ハァ…

I want to know what's in the center of the earth.

▷地球の中心に何があるのか、知りたいぜ。

□ 736 environment

[inváirənmənt] インヴァイランマント　名 環境

オレ様は自然環境について考えたんだ
人間のみにくい争いが地球を汚している

I thought about the natural environment.

▷オレは自然環境について、考えたんだ。

□ 737 war

[wɔ́ːr] ウォー　名 戦争

良い戦争なんてものはないんだよ
地球のためにオレ様ができることは何なのか…

There is no such thing as a good war.

▷良い戦争なんてものは、ないんだよ。

□ 738 corner

[kɔ́ːrnər] コーナァ　名 角

池面がマトモなこと言ってる！
病院行かなきゃ！
最初の角を左に曲がってください！
オレ様だって真面目に考えることはあるぞ!?

Turn left at the first corner.

▷最初の角を左に曲がってください。

□ 739 pencil

[pénsl] ペンスル　名 えんぴつ

I don't use pencils these days.

▷最近、鉛筆は使わないな。

小学校の時の鉛筆出てきてさー
そういえば最近鉛筆は使わないな…
久しぶりに鉛筆で両親に手紙書くか

STEP 3

□ 740 notebook

[nóutbuk] ノウトブック　名 ノート

I forgot to bring my notebook.

▷ノートを持ってくるの忘れちゃいました。

よし書けた！
ハンナ手紙は？
あっノートを持ってくるの忘れちゃいました！
手紙を挟んでて…すぐ取ってきます！

□ 741 post office

[póust ɔ́:fis] ポウストオーフィス　名 郵便局

I need to go to the post office.

▷郵便局にいかなくちゃならないんだ。

池面！今からカラオケ行かね？
悪い！今日は郵便局に行かなくちゃならないんだ
だっ
池面家は離れていても仲良しです

□ 742 bottle

[bátl] バトゥル ｜ 名 びん

この瓶のフタがあけられないよー！

I can't get the lid off this bottle.

▷この瓶のフタがあけられないよ。

□ 743 less

[lés] レス ｜ 形 より少ない

瓶をあっためるといいぜ
急がば回れだ
あ…ありがと…
借りは返さなくちゃね…

The more haste, the less speed.

▷急がばまわれ
（急ぎたいならスピードを落とせ）。

□ 744 machine

[məʃíːn] マシーン ｜ 名 機械，(a vending machineで)自動販売機

I'll get something from a vending machine.

自販機で何か買ってくる！
今月金欠なのに～!!
何が飲みたい!?
うわああ
別にいらないぜ…

▷自動販売機で何か買ってくる！

STEP 3

まとめて覚えるコーナー助動詞

□ 745 **will** [wil] ウィル	～するだろう
□ 746 **would** [wúd] ウッド	(would like to ～で) ～したいのですが
□ 747 **can** [kǽn] キャン	～できる
□ 748 **could** [kúd] クッド	～できた
□ 749 **should** [ʃúd] シュッド	～したほうがよい， ～すべきだ
□ 750 **may** [méi] メイ	～してもよい
□ 751 **must** [mʌst] マスト	～しなければならない
□ 752 **shall** [ʃǽl] シャル	～しましょうか

カリカリするなよ
美容に悪いぜ？
You should get out of here!
(ここから出ていくべきよ！)
いや
You must get out of here!
(出ていかなければならない！)

まとめて覚えるコーナー 前置詞❶

□ 753 **to**

[tə] トゥー ｜ ～へ，～まで

from Japan to America

▷日本からアメリカへ

いってくるぜ
toのうしろは到着点

□ 754 **like**

[láik] ライク ｜ ～のように

look like my brother

▷兄に似ている

よく似てるって言われるんです
そうだね

□ 755 **in**

[ín] イン ｜ ～の中で

in the classroom

▷教室の中で

オレ様の話してたのか？
してないわよ
何かの内側にいる

□ 756 **of**

[ʌ́v] アヴ ｜ ～の

part of my body

▷体の部分

オレ様の体で
一番好きな
部分？
そうだな…
きいてない!!
～に属する

□ 757 **for**

[fɔ́ːr] フォァ ｜ ～の間，～のために

for two years

▷2年間

半太6才
半太8才
違いがわからない!!
期間や目標

□ 758 **about**

[əbáut] アバウト ｜ ～について

about you

▷あなたについて

お前についてすべて知っている
は？

まとめて覚えるコーナー 前置詞②

□ 759 **on**

[ɑ́n] アン ｜ ～で，～の上で

on the floor

▷床の上で

床に接してるぜ

表面に接している

□ 760 **with**

[wíð] ウィズ ｜ ～といっしょに,～を身につけて

with her

▷彼女といっしょに

リズちゃんといっしょに行く♡
やめてくださいまし

人や物といっしょにいる

□ 761 **at**

[ǽt] アット ｜ ～で（に），～時に

at the corner of the street

▷道の角で

時点・地点など「点」を表す

□ 762 **from**

[frʌ́m] フラム ｜ ～から

from the Antarctic

▷南極から

南極から来たぜ
は!?

出発点を表す

□ 763 **by**

[bái] バイ ｜ ～によって，～のそばに

by boat

▷船で

今日は船で行くか
ズズズズ

□ 764 **after**

[ǽftər] アフタァ ｜ ～のあとに

after school

▷授業のあと

キーンコーンカーンコーン
リズちゃんち行こ～♥

まとめて覚えるコーナー 前置詞❸

765 before

[bifɔ́ːr] ビフォーア | ～の前に

before breakfast
▷朝食前に

朝メシの前は
30分ラン

766 around

[əráund] アラウンド | ～のまわりに

around her
▷彼女のまわりに

767 into

[íntuː] イントゥー | ～の中へ

into the room
▷部屋の中へ

768 over

[óuvər] オウヴァ | ～を超えて

over a fence
▷垣根を越えて

ぴょ〜ん

769 near

[níər] ニア | ～の近くに

near the door
▷ドアの近くに

KAREN
わくわく

770 during

[dúriŋ] ドゥリング | ～の間(に)

during the night
▷夜の間に

まとめて覚えるコーナー 前置詞❹

□ 771 **through**

[θrúː] スルー | ～を通り抜けて

through the tunnel

▷トンネルを通り抜けて

ここは
どこだ!?

□ 772 **since**

[síns] スィンス | ～から(ずっと)

since April

▷4月から

オレ様は お前のこと
かわいいと思ってる
4月からずっとな
は?

□ 773 **without**

[wiðáut] ウィザウト | ～なしで

coffee without milk

▷ミルクなしのコーヒー

コーヒーは
ミルクなし
だぜ

□ 774 **between**

[bitwíːn] ビトゥウィーン | (2つ)の間に

between one and three o'clock

▷1時から3時の間に

半太さんは
1時から
3時の間に
ここを通るはず!!

□ 775 **under**

[ʌ́ndər] アンダァ | ～の下に

under the desk

▷机の下に

たまには
かくれるぜ

□ 776 **until**

[əntíl] アンティル | ～まで(ずっと)

until Friday

▷金曜まで

この本
金曜まで
かりるわよ
フミおねだりか?
いいぜ…
やっぱ返す

まとめて覚えるコーナー 前置詞⑤

777 along
[əlɔ́:ŋ] アロング ｜ ～に沿って

along the river
▷川に沿って

今日は川沿いをおさんぽですわ

778 among
[əmʌ́ŋ] アマング ｜ (3つ以上)の間に

among young people
▷若者の間で

オレ様は
若者の間で人気だぜ

779 outside
[autsáid] アウトサイド ｜ ～の外に

outside the house
▷家の外に

780 inside
[insáid] インサイド ｜ ～の中に

inside the house
▷家の中に

781 across
[əkrɔ́:s] アクロース ｜ ～を横切って

across the street
▷道を横切って

782 against
[əgénst] アゲンスト ｜ ～に反対して

against the plan
▷計画に反対する

ぜったい
はんたーい!!
おお…元気のいい奴だぜ…

STEP 3

まとめて覚えるコーナー 前置詞 6

□ 783 **behind**

[biháind] ビハインド ｜ ～の後ろに

behind her

▷彼女の後ろに

オイ
ぎゃっ!!
ぬっ

□ 784 **above**

[əbʌ́v] アバヴ ｜ ～より上に

above her

▷彼女より上に

ここにいるぜ
ヒィッ!!!

□ 785 **below**

[bilóu] ビロウ ｜ ～より下に(へ)

15 meters below sea level

▷海面より 15 メートル下に

パンダだ
よぉ
パンダ…

Panda's
1000 English Words

STEP 4
中級レベルの単語

もうここまで
来たのかよ？
すげえな
他のヤツに
差をつけるなら
もうひとがんばりだ

STEP 4

□ 786 carefully

[kéərfəli] ケァフリィ | 副 注意深く

モテる男の秘訣
トークショー
今回のゲストは池面半太さんです
彼が言うことを注意深くお聞きください

Listen to him very carefully.

▷彼が言うことを注意深くお聞きください。

□ 787 peace

[pí:s] ピース | 名 平和

今 何を考えていますか?
世界平和を願っているのさ
——ん?

I'm wishing for world peace.

▷世界平和を願っているのさ。

□ 788 French

[fréntʃ] フレンチ | 形 フランスの 名 フランス語

お前 フランスの高級ワインみたいな香りがするな
出ました モテフレーズ! ドキドキしますね!
普通の人間だと通報案件では…?

You smell like fine French wine.

▷お前、フランスの
高級ワインみたいな香りがするな。

□ 789 hamburger

[hǽmbəːrgər] ハンバーガァ　名 ハンバーガー

ハンバーガーくださーい
ピクルス抜きで
それじゃ野菜が足りないぜ

I want a hamburger with no pickles.

▷ハンバーガーください、ピクルス抜きで。

□ 790 fresh

[fréʃ] フレッシュ　形 新鮮な

というわけで新鮮な笹欲しいか？
いるわけないでしょ！
残念だぜ

Do you want some fresh "sasa"?

▷新鮮な笹、欲しいか？

□ 791 blossom

[blɑ́səm] ブラッサム　名（果実のなる木の）花

桜の花が散り始めたな…
でも笹は散らないぜ？
あんた笹のなんなの!?

Cherry blossoms are starting to fall.

▷桜の花が散り始めたな。

STEP 4

□ 792 clerk

[klə́ːrk] クラーク　名 店員

The store clerk was so cool.

あの店員さん
かっこよかったなあ
ぴくっ

▷あの店員さん、かっこよかったなあ。

□ 793 daughter

STEP 4

[dɔ́ːtər] ドータァ　名 娘

My daughter lives in L.A.

どれどれ…
ひょこっ
僕の娘はL.A.に住んでるんだよ
フッ
じゃあどこかでオレ様とすれ違ってるかもな

▷僕の娘はL.A.に住んでるんだよ。

□ 794 cool

[kúːl] クール　形 すずしい，かっこいい

Is it too cool in here?

私のバカ！
このパターン何度目!?
あなた大丈夫？
ここ寒すぎる？
ガタ

▷ここ、寒すぎる？

795 kill

活用 kill-killed-killed

[kíl] キル　動 ～を殺す

ゾンビが殺しあってる夢を見たぜ…
もし本当にゾンビ出たらどうやって戦う?

I had a dream that zombies were killing each other.

▷ゾンビが殺しあってる夢を見たぜ。

796 volleyball

[válibɔ̀:l] ヴァリィボール　名 バレーボール

オレ週一でバレーボールやってんだよ
だからサーブぶつけるわ!

I'm playing volleyball once a week.

▷オレ、週一でバレーボールやってんだよ。

797 wish

活用 wish-wished-wished

[wíʃ] ウィッシュ　動 願う　名 願い

ぎゃははは
即負けるわ!
フッ
オレ様はお前の幸運を願ってるぜ
池面はどーする?
ああいう馬鹿話意外に盛り上がるよね…

I wish you good luck.

▷お前の幸運を願ってるぜ。

STEP 4

□ 798 bath

[bǽθ] バス　名 ふろ

オレ様って長風呂なんだよな
へー…
毛で排水溝が大変そう…

I like taking a long bath.

▷オレって、長風呂が好きなんだよな。

□ 799 shout

活用 shout-shouted-shouted

[ʃáut] シャウト　動（～と）さけぶ

今オレ様の風呂想像しただろ
違わないけど違うから！ヘンな意味じゃなく！
大声で叫ばなくていいから

You don't need to shout out loud.

▷大声で叫ばなくていいから。

□ 800 invite

活用 invite-invited-invited

[inváit] インヴァイト　動 ～を招待する

オレ様の家にお前を招待するぜ
存分に見せてやるよ
イヤー―!!

I will invite you to my house.

▷オレの家に、お前を招待するぜ。

STEP 4

□ 801 appear

活用 appear-appeared-appeared

[əpíər] アピァ　動 現れる

レアモンスター
登場!!
SSR☆☆☆☆☆
ゲットする!
レアキャラって急に現れるんだよな
うわっ
何だあれ!

Rare characters appear suddenly.

▷レアキャラって急に現れるんだよな。

□ 802 protect

活用 protect-protected-protected

[prətékt] プラテクト　動 ～を保護する

日焼けしないように肌を保護しないと
現実でもレアキャラって急に現れるんだ!!

I have to protect myself from getting sunburned.

▷日焼けしないように、自分を保護しないとな。

STEP 4

□ 803 ring

活用 ring-rang-rung

[ríŋ] リング　動 鳴る　名 輪，指輪

夜
かれん
さっきからあんたの
電話鳴ってるよ
みんなー!!
今日レアキャラ
みたんだけど!
すごくない!?
ブブブッ
ブブブッ

Your phone is ringing.

▷あんたの電話、鳴ってるよ。

□ 804 natural

[nǽtʃrəl] ナチュラル | 形 自然の

I only eat natural food.

▷オレ、自然食品しか食べないんだ。

とある国際交流パーティー
見るからにVIP…！
私は自然食品しか食べないんだ
この笹はおすすめだぜ

□ 805 friendly

[fréndli] フレンドゥリィ | 形 友好的な，親しい

You're being too friendly.

▷あんた、なれなれしいわよ。

池面あんたなれなれしいわよ！
いきなり笹をすすめるなんて…
ワオ！これは新しいな 詳しく話を聞かせてくれるかい？

□ 806 international

[ìntərnǽʃənl] インタァナショヌル | 形 国際的な

I like international events because I can meet new people.

▷国際的なイベントって、
あたらしい出会いがあっていいよな。

○○国で笹ブーム!!
笹で広がる国際交流
国際的なイベントって新しい出会いがあっていいよな
世界的人気の動物はスケールが違った

807 though

[ðóu] ゾゥ | **接** (even though で) たとえ～するにしても，だけれども

Even though you're not aware of it, you love me.

気づいてない
かもしれないが
お前はオレ様を
愛しているのさ

▷気づいてないかもしれないが、
お前はオレを愛しているのさ。

808 king

[kíŋ] キング | **名** 王

Don't act like a king!

いつも上から発言…
王様気取りは
やめてよね！
いや
池面は正しいぞ！

▷王様気取りはやめてよね！

809 lion

[láiən] ライアン | **名** ライオン

The lion is not the king of beasts, the panda is!

百獣の王は
ライオンじゃない
パンダだ!!
つまり
王様を気取っても
なんら
間違いじゃない！
池面の強火ファン
めんどくせえええ！

▷ライオンは百獣の王なんかじゃないぜ、
パンダがそうだ。

STEP 4

□ 810 soup

[sú:p] スープ | 名 スープ

風邪で休んだら池面がお見舞いに来た
チキンスープを持ってきてやったぜ

I brought some chicken soup for you.

▷チキンスープを持ってきてやったぜ。

□ 811 juice

[dʒú:s] ヂュース | 名 ジュース

私100%のフルーツジュースしか飲まないの
じゃあ笹100%ジュースの出番だな
ドロォ
笹はフルーツじゃない！

I only drink 100% pure fruit juice.

▷私、100%のフルーツジュースしか飲まないの。

□ 812 tear

[tíər] ティァ | 名 （普通複数形で）涙

嫌ならチキンスープを飲めようちのシェフ特製だ
うう…悔しいけどおいしい…
ハニー涙を拭けよ
誰がハニーよ

Honey, wipe your tears.

▷ハニー、涙を拭けよ。

□ 813 rich

[rítʃ] リッチ | **形** 金持ちの，豊かな

池面くんってすごいお金持ちだよね
オレ様そこまで裕福じゃないぜ

I'm not that rich.

▷オレ、そこまで裕福じゃないぜ。

□ 814 stage

[stéidʒ] ステイヂ | **名** 舞台

池面このライブ見ろよすごくない？
いいな俺もこんな風なステージで歌いたいぜ
…！
ザワッ

I want to sing on the stage.

▷ステージで歌いたいぜ。

□ 815 loud

[láud] ラウド | **形**（声や音が）大きい

後日
音楽の大きさこれでいいか？
ジャーン
ジャカジャカ
池面半太特設ステージ
ズンズン
ドコドコドコ
もう少し低音を…
やっぱ相当裕福だよ！

Is the music loud enough?

▷音楽の大きさ、これでいいか？

STEP 4

[dál] ダル | **名** 人形

I used to play with dolls when I was little.

昔妹が使ってたやつ
誰かもらって
くれねえかな
わー！小さな頃
お人形さん遊び
したなぁ
今から
やってみない？

▷小さな頃、お人形さん遊びをしたなぁ。

[sóulər]  | **形** 太陽の

I don't know much about solar power.

屋根に
ソーラー
パネル!?
とりはずし可能
ソーラーパネルつきハウス
太陽光発電って
よくわかんなーい
いえ奥さん
今後を考えると
大変お得ですよ！

▷太陽光発電って、よくわかんない。

□ 818 technology

[teknálədʒi] テクナラヂィ | **名** 科学技術

Without technology, we can't live like this.

電気使い放題！
テクノロジー
がなければ
こんな生活は
できません！
クーリングオフは
できるの？
生々しい人形劇だな…

▷科学技術がなければ、
こんな生活はできません。

STEP 4

819 sweet

[swíːt] スウィート | 形 甘い

I don't drink sweet coffee.

オレ様甘いコーヒーは飲まないんだ

▷オレ、甘いコーヒーは飲まないんだ。

820 enter

活用 enter-entered-entered

[éntər] エンタァ | 動 ～に入る

Don't enter through the window.

よっ！元気か？
窓から入るのやめなさいよ！

▷窓から入るの、やめなさいよ。

821 wild

[wáild] ワイルド | 形 野生の，ワイルドな

Am I too wild?

あれ？もしかしてオレ様ワイルド過ぎか？
まいったなー
そういうアピールが最高に非ワイルドよ
コーヒーも無理せず砂糖入れなさい

▷オレ、ワイルド過ぎか？

□ 822 quiet

[kwáiət] クワイアット　形 静かな

よぉ！
しらと…
静かにしてくれる？

Will you be quiet?

▷静かにしてくれるか？

□ 823 communicate

活用 communicate-communicated-communicated

[kəmjúːnəkeit] カミューニケイト　動 意思を伝え合う，通信する

あいしてるぜ!!
意思の疎通はジェスチャーでできるぜ！

I can communicate by gesture.

▷意思の疎通はジェスチャーでできるぜ。

□ 824 cover

活用 cover-covered-covered

[kʌ́vər] カヴァ　動 ～をおおう

ママ
あれなに？
見ちゃダメ！
目をおおって

Don't look! Cover your eyes.

▷見ちゃダメ！　目をおおって。

□ 825 memory

[méməri] メマリィ ┊ 名 記憶，思い出

I have a bad memory.

▷オレ、記憶力あんまりよくないんだよな。

オレ記憶力あんまりよくないんだよな～

□ 826 perfect

[pə́ːrfikt] パーフィクト ┊ 形 完全な，最適の

No one is perfect.

▷完璧な人間なんていないぜ。

あまり落ち込むな完璧な人間なんていないぜ
そうそう…

□ 827 character

[kǽrəktər] キャラクタァ ┊ 名 性格，登場人物

I'm a beauty with good character.

▷私って、美しくって性格もいいのよね。

でも私って美しいうえに性格もいいのよね…
もしかして私人間じゃなくて神…!?
もしくはこの世にまいおりた天使…!!
あいつほんとおもしれえ女だな

□ 828 stone

[stóun] ストウン　名 石

オレ様としたことが登山で迷ってしまった
おいおい石を投げるなよ こんなことするのは白鳥か?

Hey, don't throw stones.

▷おいおい、石を投げるなよ。

STEP 4

□ 829 sign

[sáin] サイン　名 標識，看板，記号

落石注意!
急いでたから標識見落としちゃったぜ
――ってことがあったけど何とかなったぜ
無事だったか!

I missed the sign, because I was in a hurry.

▷急いでたから、標識見落としちゃったぜ。

□ 830 dangerous

[déindʒərəs] デインヂャラス　形 危険な

私 石なんて投げないし…!
みんな逃げろ! この場所はデンジャラスだ!

Run! This place is dangerous!

▷逃げろ、この場所は危険だ！

831 either

[íːðər] イーザァ | 副 (否定文で)～もまた(…ない), (～か…の) どちらか

突然だけどリズちゃんに言ってほしい言葉シリーズ
あたくしだって笹は食べませんわ
ぽ～い
わかるー!!
ハイ池面の前じゃ絶対言わないやつー

I don't eat "sasa", either.

▷あたくしだって、笹は食べませんわ。

832 mouse

複数形 mice

[máus] マウス | 名 ネズミ

あたくしねずみよりは大きいですわ!
いやいやほぼ同じだよー
怒ってるとこもかわいいよねー

I'm bigger than a mouse.

▷あたくし、ネズミより大きいですわ。

833 seem

活用 seem-seemed-seemed

[síːm] スィーム | 動 ～のように思える

ぼ～～…
白鳥…自習の課題飽きちゃったみたいだな…
白鳥さん黙ってるとほんとかわいいよな…

She seems to be bored.

▷彼女、飽きちゃったみたいだな。

STEP 4

□ 834 boat

[bóut] ボウト | 名 ボート，船

I got seasick on a swan pedal boat.

▷スワンボートで、船酔いしちゃった。

公園で遊びました
スワンボートで船酔いしちゃった…
大丈夫？
うぷ…
少し休んだらうちの車で家まで送ってやるよ

□ 835 careful

[kéərfəl] ケアフル | 形 注意深い

Don't worry, he is a careful driver.

▷心配するな、彼は慎重なドライバーだ。

心配するな彼は慎重なドライバーだ運転うまいぞ
ブロロロ…
——おっ来たぜ

□ 836 nervous

[nə́ːrvəs] ナーヴァス | 形 緊張している

Don't get so nervous.

▷そんなに緊張するなよ。

坊っちゃんお待たせしたっす
!?
そんなに緊張するなよ腕は確かだから
本当に運転上手かった

STEP 4

□ 837 communication

[kəmjùːnəkéiʃən] カミューナ**ケ**イション　名 コミュニケーション

オレ様達
もっと密に
コミュニケーションを
取り合わないとな!
白鳥～!

We need to have close communication.

▷オレたち、密に
　コミュニケーションを取り合わないとな。

□ 838 holiday

[hálədèi] ハラデイ　名 祝日

次のホリデーに
デートしようぜ
ドン!!

Let's go out on the next holiday.

▷次の祝日、デートしようぜ。

□ 839 arm

[áːrm] アーム　名 腕

お前の腕の中で
眠りたいぜ
クイッ
あれ?
いつもと
変わんねえな

I want to sleep in your arms.

▷お前の腕の中で眠りたいぜ。

STEP 4

□ 840 distance

[dístəns] ディスタンス　名 距離，遠距離

白鳥さん
2メートル
離れていてくださる？

Please keep two-meter distance.

▷２メートル離れていてくださる？

STEP 4

□ 841 meaning

[mí:niŋ] ミーニング　名 意味

うるうる
そんなぁ…
人生の意味について
語り合おうよ！
テーマが
重いですわっ！

Let's talk about the meaning of life.

▷人生の意味について語り合おうよ。

□ 842 meter

[mí:tər] ミータァ　名 メートル

ソーシャル
ディスタンスよ
私達2メートル
離れないと…
えぇっ
この差よ…！

We have to keep two meters between us.

▷私たち、2メートル離れないといけないわね。

□ 843 chocolate

[tʃɔ́:klət] チョーカラット | 名 チョコレート

バレンタインデー
それオレ様へのチョコか？

Is that chocolate for me?

▷それオレへのチョコか？

□ 844 advice

[ədváis] アドゥヴァイス | 名 助言，アドバイス

ひとつアドバイスしてもいいか？ 白鳥
オレ様はチョコも好きだが笹や竹が大好きだ！
だから来年は——
これ自分用なんだけど？

Can I give you some advice?

▷ひとつ、助言してもいいか？

STEP 4

□ 845 pretty

[príti] プリティ | 形 かわいらしい，きれいな

私は誰にもチョコあげないの戦争になるでしょ？
私自分がプリティだって分かってるもん
お前のそういうところ好きだぜ…！

I know that I'm pretty.

▷私、自分がかわいいって分かってるもん。

□ 846 traffic

[trǽfik] トゥラフィック ┊ 名 交通

I'm stuck in a traffic jam.

▷交通渋滞にハマっちゃったぜ。

交通渋滞にハマっちゃったぜ…

□ 847 cause

活用 cause-caused-caused

[kɔ́:z] コーズ ┊ 動 ～を引き起こす
名 原因

Heavy snow caused the traffic accident.

▷大雪が交通事故を引き起こした。

大雪が交通事故を引き起こしたんだ
しばらくこのままか…　そうだ！

□ 848 leader

[lí:dər] リーダァ ┊ 名 指導者，リーダー

He is a natural leader.

▷彼は生まれながらのリーダーだな。

少しでも暇つぶししてくれ！
運転手さんも大変だが頑張ってな！
竹ジャグリング
わめっ
彼は生まれながらのリーダーだな…！

849 cloud

[kláud] クラウド 名 雲

Look, that cloud looks like you.

見ろよ あの雲 お前に似てるな
どれ?
言ってる間に形が変わってしまった!
ふーんアレが私に似てるのかぁ

▷見ろよ、あの雲お前に似てるな。

850 opinion

[əpínjən] アピニャン 名 意見

Do you want to hear my opinion?

私の意見を聞きたい?
鬼に似てるよねぇ

▷私の意見を聞きたい?

851 uniform

[jú:nəfɔ̀:rm] ユーナフォーム 名 制服

The school uniform looks good on you.

まて!落ち着け!
あっ!お前制服似合うよな!
適当に褒めるな!!

▷お前、学校の制服似合うよな。

852 salt

[sɔ́:lt] ソールト　名 塩

Don't put too much salt on "sasa".

▷笹に塩をかけすぎるなよ。

笹に塩を
かけすぎるなよ
じゃあよろしく
どういう経緯で
そんな話題が!?

853 owner

[óunər] オウナァ　名 所有者，オーナー

My father is the owner of this hotel.

▷うちの親父、このホテルのオーナーなんだ。

近日オープン!!
HOTEL IKEDURA
うちの親父
このホテルの
オーナーなんだ

854 ceremony

[sérəmòuni] セラモウニィ　名 式

I'll attend the opening ceremony of our hotel.

▷うちのホテルのオープニングセレモニー（開業式）に出席するんだよ。

オレ様も料理監修として
うちのホテルの
オープニングセレモニーに
出席するんだよ
笹を
ふるまうの!?
逆に何を
ふるまうんだ!?
ええ…

STEP 4

□ 855 borrow

活用 borrow-borrowed-borrowed

[bárou] バロウ　動 ～を借りる

Can I borrow your pen?

▷あんたのペン、借りていい？

あんたのペン借して
！この流れはもしや――
せめてペンだけでも私のものに…
ってことだな？
なんでそうなる

□ 856 clear

[klíər] クリア　形 明白な，晴れた

It's clear that you love me.

▷お前がオレを愛しているのは明白だろ。

クスッ
だってお前がオレ様を愛してるのは明白だろ
シャイだから言えないだけで

□ 857 bridge

[brídʒ] ブリッヂ　名 橋

The rainbow looks like a bridge to heaven.

▷虹がまるで天国への架け橋のようだぜ。

虹がまるで天国への架け橋のようだぜ…
ぼろっ

STEP 4

□ 858 supermarket

[sú:pərmɑ̀:rkit] スーパァマーキット | 名 スーパーマーケット

I saw him at the supermarket.

昨日スーパーマーケットで彼に会ったよ
試食品のコーナーで

▷スーパーマーケットで彼に会ったよ。

□ 859 pizza

[pí:tsə] ピーツァ | 名 ピザ

STEP 4

He is cool, just eating pizza.

彼ったらただピザを食べているだけでもかっこいいの！
へー

▷彼ったら、ただピザを食べているだけでも、かっこいいの！

□ 860 worker

[wə́:rkər] ワーカァ | 名 働く人

You are such a hard worker.

池面もスーパーで試食するんだ？
あぁ それ仕事
うちの新商品のPRでな
あんたほんとにハードワーカーね…
笹風味冷凍ピザ

▷あんた、ほんとに働き者ね。

□ 861 fishing

[fíʃiŋ] フィッシング | **名** 魚釣り

オレ釣りって得意じゃないんだよな…
オレ様と一緒ならきっと楽しいぜ！

I'm not good at fishing.

▷オレ、釣りって得意じゃないんだよな。

□ 862 luck

[lʌ́k] ラック | **名** 運

池面すげえ！
いつも運はオレ様の味方さ
どんっ!!

Luck is always on my side.

▷いつも運はオレの味方さ。

STEP 4

□ 863 share

活用 share-shared-shared

[ʃéər] シェア | **動** ～を分け合う，～を共有する

しかしこれ2人には多すぎるな
オレ様達の幸せを分け合おうぜ
こんな奴だから運も味方につくんだろうな…
かれんにボコられているだけじゃない池面だった

Let's share our happiness.

▷オレたちの幸せを分け合おうぜ。

□ 864 cloudy

[kláudi] クラウディ　形 くもりの

曇りの日って
眠くなっちゃう…

I feel sleepy on cloudy days.

▷曇りの日って、眠くなっちゃう。

STEP 4

□ 865 nose

[nóuz] ノウズ　名 鼻

…さん
白鳥さん
あなた鼻に何か
ついてるよ
ギャー―!?
ペンのインクだ!!

There is something on your nose.

▷あなた、鼻に何かついてるよ。

□ 866 past

[pǽst] パスト　名 過去

私としたことが…
自分が許せないッ!
白鳥さん
過去は過去だよ
未来を
見つめようよ
美と池面に
厳しいな
白鳥さん…

Past is past, let's face the future.

▷過去は過去だよ、未来を見つめようよ。

□ 867 century

[séntʃəri] センチャリィ ┊ 名 世紀

スーパーイケメンのオレ様と美しい白鳥のカップル…
※イメージ映像です。
これは世紀の大恋愛だぜ

This is the greatest love of the century.

▷これは世紀の大恋愛だぜ。

□ 868 leaf

[lí:f] リーフ ┊ 名 葉

複数形 leaves

白鳥見ろよ葉っぱが色づき始めたぜ
ラブラブなオレ様達にあてられたかな？
じーっ

Look, the leaves are changing color.

▷見ろよ、葉っぱが色づき始めたぜ。

□ 869 ear

[íər] イア ┊ 名 耳

翌日
池面お前右耳にピアス開けたのか？
これは…たんこぶだ…
何があったらそうなる!?
ズキズキ
昨日やられた。
ボコッ
ラブラブじゃない!!

Did you have your right ear pierced?

▷お前、右耳にピアス開けたのか？

STEP 4

□ 870 shake

活用 shake-shook-shaken

[ʃéik] シェイク　動 ～を振る

クリスマスが近づくと思い出すことがある
ボトルを開ける前によく振れよ
はい　お兄様
シャカ
シャカ

Shake the bottle before opening.

▷ボトルを開ける前に、よく振れよ。

□ 871 simple

[símpl] スィンプル　形 簡単な，質素な

ポ
その後コルクは天井に上がったままだ
脚立使って取ればいいでしょ
そんなシンプルなことじゃないんだ

It's not that simple.

▷そんなに簡単なことじゃないんだ。

□ 872 kitchen

[kítʃən] キッチン　名 台所

うちのキッチン巨大なんだよ
体育館の天井に挟まってるボールみたいな状態なんだよ…!
どんだけなの池面家…

Our kitchen is huge.

▷うちのキッチンは巨大なんだよ。

STEP 4

□ 873 moment

[móumənt] モウマント | 名 ちょっとの間，瞬間

Do you have a moment?

▷お前、ちょっと時間あるか？

白鳥お前ちょっと時間あるか？とっておきの話してやる

□ 874 north

[nɔ́ːrθ] ノース | 名 北

Santa Clause comes from the north.

▷サンタは北からやってくるんだよ。

サンタは北からやってくるんだよ
北から来たってな！

□ 875 temperature

[témprətʃər] テンプラチャァ | 名 温度

The temperature fell by 10°C.

▷気温が10度下がった。

気温が10度下がった

STEP 4

□ 876 castle

[kǽsl] キャスル ┊ 名 城

美しいお城に住みたいなぁ
住めなくても一度外国のお城を生で見たーい！

I want to live in a beautiful castle.

▷美しいお城に住みたいなぁ。

□ 877 guide

[gáid] ガイド ┊ 名 案内人

お前のツアーガイドはオレ様がやってやるよ

I'll be your tour guide.

▷お前のツアーガイドは、オレがやってやるよ。

□ 878 dictionary

[díkʃənèri] ディクショネリィ ┊ 名 辞書

ああっ！私辞書持ってくるの忘れちゃったぁ！
借りに行ってくる！
じゃあ隣のクラスまでのツアーガイドを…
しつこい！
だっ

I forgot to bring my dictionary.

▷辞書持ってくるの、忘れちゃった。

STEP 4

□ 879 someday

[sʌ́mdèi] サムデイ | 副 (未来の)いつか

いつの日か
オレ様の
ワイフになれよ

Be my wife someday.

▷いつの日か、オレの妻になれよ。

□ 880 mouth

[máuθ] マウス |  口

Shut your mouth!

▷黙って（口を閉じて）！

□ 881 aunt

[ǽnt] アント | 名 おば

私のおばは
弁護士なの！
これ以上やると
訴えるから！
白鳥さんついに
法を持ち出した！

My aunt is a lawyer.

▷私のおばは弁護士なの。

STEP 4

□ 882 sandwich

[sǽnwitʃ] サンウィッチ ｜ 名 サンドウィッチ

お前にツナサンドを作ってやったぜ
ぷいっ
いらない！

I made you a tuna sandwich.

▷お前にツナサンドを作ってやったぜ。

□ 883 bowl

[bóul] ボウル ｜ 名 はち，ボウル，どんぶり

お前のために牛丼作ってやったぜ
だからいらないって！
これを見てもそう言えるかな…？
ズッ

I made a beef bowl for you.

▷お前のために牛丼、作ってやったぜ。

□ 884 airport

[éərpɔ̀ːrt] エァポート ｜ 名 空港

お坊ちゃま空港までお見送りに行ってもよろしいですか？
ああ買い付けの成功祈っててくれ
そして世界中の高級食材で作った牛丼がこちらだ
いただきます…！

Can I see you off at the airport?

▷空港までお見送りに行ってもよろしいですか。

□ 885 lesson

[lésn] レッスン　名 授業，レッスン，教訓

オレ今日特別授業に出たんだ
どんなだった?

I attended a special lesson today.

▷オレ、今日特別授業に出たんだ。

□ 886 page

[péidʒ] ペイヂ　名 ページ

芸術にもあかるいオレ様が特別に美術を教えてやるぜ
では教科書の16ページを開いて

Open your textbook to page 16.

▷教科書の16ページを開いて。

□ 887 painting

[péintiŋ] ペインティング　名 絵

オレ様は水彩画の巨匠なんだぜ!
16
「オレ様は水彩画の巨匠だ」と思え!
お前らならやれる!みんな天才だ!
なんか…元気もらったよ…
よかったなー

I'm a master of watercolor paintings.

▷オレは水彩画の巨匠なんだぜ。

STEP 4

STEP 4

□ 888 expensive

[ikspénsiv] イクスペンスィヴ　形 高価な

オレ様は高価なプレゼントなんて欲しくないんだよ
はあ…

I don't want any expensive gifts.

▷高価なプレゼントなんて、欲しくないんだよ。

□ 889 umbrella

[ʌmbrélə] アンブレラ　名 かさ

ちょうどいいわ
じゃあ
捨てるつもりだった
これあげる
なるほど
オレ様と相合傘
したいのか？

Do you want to share your umbrella with me?

▷オレと相合傘、したいのか？

□ 890 fire

[fáiər] ファイア　名 火，火事

素敵なプレゼント
サンキューな
ギャー！
近寄るなー！
やだね
お前がオレ様の
ハートに火を
つけたんだよ

You lit a fire in my heart.

▷お前がオレのハートに火をつけたんだよ。

□ 891 ship

[ʃíp] シップ | 名 船

I want to travel on a ship.

▷船旅がしたいな。

船旅がしたいなーと
思ってたら
フェリー旅が当たった
夏休みに
一人旅…!
楽しみ…!

□ 892 trouble

[trʌ́bl] トゥラブル | 名 困ること，困難

Stay out of trouble.

▷やっかいごとに巻き込まれないようにね。

旅行初日の夜
くママ
やっかいごとに
巻き込まれないようにね
…

□ 893 situation

[sìtʃuéiʃən] スィチュエイション | 名 状況，事態

Here is my situation.

▷状況をお知らせします。

拝啓ママ
私の状況を
お知らせします
オレ様が
いるから
安心しろ
もう
巻き込まれてるよ
…!
どこかで情報を得て
ついてきた池面だった

STEP 4

□ 894 seed

[síːd] スィード　名 種

うちのハムスターひまわりの種が好きなんだよなー
へー
…

My hamster likes sunflower seeds.

▷うちのハムスター、
ひまわりの種が好きなんだよな。

□ 895 grass

[grǽs] グラス　名 草

ちょっと白鳥さん！あなた草みたいな匂いがしますわ！
さっきまでひまわり畑にいたからかな…
はぁ？なんでそんな場所…

You smell like grass.

▷あなた、草みたいな匂いがしますわ。

□ 896 glass

[glǽs] グラス　名 コップ，ガラス

ハイ ひまわりの種！
あたくしの好物よくわかりましたわね
えへへ…お水も一杯どう？
げっ歯類の好みはやっぱり似てるんだな…
もじもじ

Do you want a glass of water?

▷お水一杯どう？

□ 897 raise

活用 raise-raised-raised

[réiz] レイズ　動 ～を上げる，～を育てる

Raise your hand if you have a question.

▷質問があったら、手を上げなさい。

ボランティアに来ました
この人達に質問があったら手を上げなさい
はい！
ぱっ

□ 898 type

[táip] タイプ　名 型，タイプ

What's your blood type?

▷あなたの血液型、何型？

おにーさん！あなたの血液型何型？
ざわっ

□ 899 action

[ǽkʃən] アクション　名 行動，動作

Be more careful about your actions.

▷行動にもっと気をつけなさい。

こっ個人情報は聞いちゃダメよ！
行動にもっと気をつけなさい！
はーい
結局 謎のままだった

STEP 4

□ 900 match

[mǽtʃ] マッチ　名 試合

これは大事な試合だぜ！
このスタジアムの設備いいよね

This is a big match!

▷これは大事な試合だぜ！

□ 901 stadium

[stéidiəm] ステイディアム　名 スタジアム，競技場

あのスタジアムオレ様の名前にちなんで名付けられたんだぜ
ハンタ・スタジアム
えぇっ!?

That stadium was named after me.

▷あのスタジアムは
オレの名前にちなんで名づけられたんだぜ。

□ 902 shock

活用 shock-shocked-shocked

[ʃák] シャック　動 ～にショックを与える　名 ショック

オレ様の誕生日に建設されたんだ
そのニュース聞いてショック受けたわ…
気づかなかった…
なんでだよ!!

I'm so shocked to hear that.

▷それを聞いて、ショックを受けたわ。

STEP 4

□ 903 British

[brítiʃ] ブリティッシュ | 形 イギリスの

I dressed like a British rock singer.

▷イギリスのロック歌手みたいな衣装にしたぜ。

池面半太
ライブ
今回はイギリスのロック歌手みたいな衣装にしてみたぜ！

□ 904 musician

[mju:zíʃən] ミューズィシャン | 名 音楽家

My family are all musicians.

▷オレの家族はみんな音楽家なんだ。

オレ様の家族はみんな音楽家なんだ
1曲目はそんな家族が作った新曲だ
それでは聞いてくれ

□ 905 treasure

[tréʒər] トゥレジャァ | 名 宝物

I found a treasure map!

▷宝の地図を見つけたぜ！

『トレジャーの地図をみつけたぜ！』
笙アレンジ
曲調と曲名と服装が致命的に合ってない!!

STEP 4

□ 906 low

[lóu] ロウ ┊ 形 低い，(声が)小さい

Why are you talking in a low voice?

▷なんで小さい声でしゃべってんの？

おはようさん
池面くんなんで小さい声でしゃべってんの？
ゲホ
風邪ひいちまってな

□ 907 medicine

[médəsin] メダスィン ┊ 名 薬

Did you take medicine?

▷薬飲んだ？

熱は!?
わっ
薬飲んだの!?

□ 908 promise

活用 promise-promised-promised

[prámis] プラミス ┊ 動 ～を約束する
名 約束

Can you promise me?

▷オレに約束してくれるか？

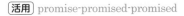

今日は無理しないってオレに約束してくれるか？ 池面
みんな…そんなにオレ様のことを…
池面自身もだけど主に希少動物の心配だと思う…

909 fireworks

[fáiərwə̀ːrks] ファイアワークス　名 花火

今度一緒に花火を見に行こうぜ
ゲっ

Let's go see the fireworks.

▷一緒に花火を観に行こうぜ。

910 kilometer

[kilámətər] キラメタァ　名 キロメートル

えっやだ!!
お前んちからうちまで大体2キロくらいだな
当日は迎えに行ってやるよ
人の話を聞けー!

It's about two kilometers from your house to mine.

▷お前んちから、うちまで
大体2キロくらいだな。

911 style

[stáil] スタイル　名 様式，スタイル

もうやだー引っ越ししようよ
何言ってるの引っ越してきたばかりでしょ
おれ自分の生活様式を変えたくないんだ
ですよね…
結局花火大会は行ったが死ぬほどおごらせた

I don't want to change my style of living.

▷オレ、自分の生活様式を変えたくないんだ。

□ 912 telephone

[téləfòun] テリフォウン　名 電話

君かわいいね!!
ラインやってる？
アカ教えて
あー…
電話なら…
やった！　じゃあ
電話番号教えて♥

Can I have your telephone number?

▷電話番号、教えて。

□ 913 probably

[prábəbli] プラバブリィ　副 たぶん，おそらく

白鳥！
昨日ナンパ男に
オレ様の番号
教えたな!?
すみませーん
あいつ多分
今晩オレ様に電話
してくるぜ
は!?

He will probably call me tonight.

▷あいつ、多分、今晩オレに電話してくるぜ。

□ 914 conversation

[kànvərséiʃən] カンヴァセイション　名 会話

昨日電話受けた時
意気投合して
オレ達の会話
すげえ
盛り上がったな！
ってまた
話す約束を…
愛情じゃなく
友情が生まれた

We had a great conversation.

▷オレたちの会話、すげえ盛り上がったな。

STEP 4

□ 915 elementary school

[eləméntri skù:l] エラメントゥリィ スクール　名 小学校

池面は小学校どこだったの？
世界各地を転々としてたな
ご両親の仕事で？
それもあるが――

Which elementary school did you go to?

▷小学校、どこに通っていたの？

□ 916 whole

[hóul] ホウル　形 全体の

わっ
クラス全員あなたのことが好きだからね！

The whole class likes you.

▷クラス全員、あなたのことが好きだからね！

□ 917 adult

[ədʌ́lt] アダルト　名 大人　形 大人の

大人になったらお前と結婚するよ
いや私とよ！
わっ
どこ行ってもモテすぎて学級崩壊しちまってな…
すごい苦労してた
なんかゴメン…

I'll marry you when I become an adult.

▷大人になったら、お前と結婚するよ。

□ 918 lead

活用 lead-led-led

[liːd] リード | 動 ～を導く

オレ様って人々を導く才能があるんだよな…
宗教おこしたら案外上手くいったりして…

I have the ability to lead people.

▷オレって、人々を導く才能があるんだよな。

□ 919 god

[gάd] ガッド | 名 神

お前神様って信じるか？
まあその神ってオレ様のことなんだけど
なんちゃって…
信じるよ池面！
あたしも！
えっ

Do you believe in God?

▷お前、神様って信じるか？

□ 920 terrible

[térəbl] テラブル | 形 ひどい，おそろしい

私めちゃくちゃ頭痛いから帰るね！
待て白鳥！冗談なんだ！
ダッ

I have a terrible headache.

▷めちゃくちゃ頭が痛いの。

921 pollution

[pəlúːʃən] パルーション | 名 汚染

本日は○○国の現在について お送りします
あそこの大気汚染はひどかったぜ
――でも

The air pollution was awful there.

▷あそこの大気汚染は、ひどかったぜ。

922 safe

[séif] セイフ | 形 安全な

ここなら安全だぜ白鳥？

You're safe here.

▷ここなら安全だぜ。

923 respect

活用 respect-respected-respected

[rispékt] リスペクト | 動 ～を尊敬する 名 尊敬，敬意

聞こえなかったみたいだな
もう一回…
そのタフさに関してはあんたのこと人として尊敬するわ

I respect you as a person.

▷あんたのこと、人として尊敬するわ。

STEP 4

□ 924 size

[sáiz] サイズ | 名 大きさ

What's your ring size?

▷お前の指輪のサイズは？

お前の指輪のサイズは？
うわっ めんどくさっ
教えるわけないでしょ

□ 925 market

[mɑ́ːrkit] マーキット | 名 市場

I saw you buying a ring at the flea market.

▷お前がフリーマーケットで指輪を買うところ見たんだ。

まあ実は昨日お前がフリーマーケットで指輪買ってるの見たから知ってるんだけどな
こわっ!!

STEP 4

□ 926 case

[kéis] ケイス | 名 場合，容器

In this case, I win.

▷この場合、オレの勝ちだな。

この場合オレ様の勝ちだな
は!? 何の勝負!?
お前への愛の大きささ
だれかたすけて!!

□ 927 husband

[hʌ́zbənd] ハズバンド　名 夫

I'll be a good husband.

▷オレはいい夫になるぜ。

オレ様はいい夫になるぜ
私 鍛えてる人がいいの
やっぱり頼りになるのは筋肉よね

□ 928 develop

活用 develop-developed-developed

[divéləp] ディヴェラップ　動 ～を発達させる，発展する

Running will develop my muscles.

▷ランニングで、筋肉が発達するはずだぜ。

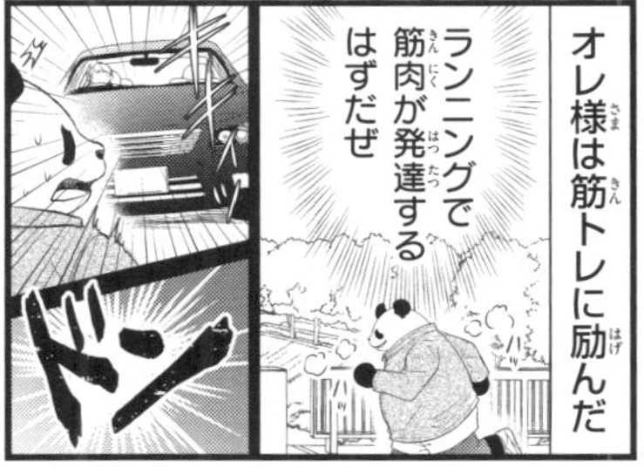

オレ様は筋トレに励んだ
ランニングで筋肉が発達するはずだぜ
ドン

□ 929 accident

[ǽksədənt] アクスィダント　名 事故

I saw a terrible car accident.

▷ひどい交通事故、見ちゃった。

確かに筋肉は正義だな白鳥…
シュウウウ…
ひどい交通事故見ちゃった！
奇跡的に怪我人は出なかった

STEP 4

□ 930 although

[ɔːlðóu] オールゾゥ | **接** ~だけれども

Although you're mean sometimes, I love you.

▷たまに意地悪だけど、お前のこと、愛してるぜ。

白鳥
スッ
たまに意地悪だけど お前のこと 愛してるぜ はんた

□ 931 paint

活用 paint-painted-painted

[péint] ペイント | **動** (絵の具で絵) を描く, ~にペンキを塗る

Did you paint this picture?

▷この絵、あんたが描いたの？

…この絵 あんたが描いたの？

□ 932 garbage

[gáːrbidʒ] ガービッヂ | **名** ごみ，生ごみ

Is today garbage day?

▷今日ってごみの日だっけ？

今日って ごみの日だっけ？
白鳥ーッ！
たまにじゃなく いつも池面には 意地悪な女

□ 933 bat

[bǽt] バット | 名 コウモリ，（野球などの）バット

I'm scared of bats.

▷私、コウモリが怖いんだよね。

うちの屋根裏にコウモリが住み着いたみたいなんだけど
私コウモリが怖いんだよね…
は〜〜〜

□ 934 violin

[vàiəlín] ヴァイアリン | 名 バイオリン

Can you play the violin?

▷あんたバイオリン弾けるの？

翌日
よう白鳥
池面!?
なんでうちに!?
っていうかあんたバイオリン弾けるの!?
まあな

□ 935 roof

[rú:f] ルーフ | 名 屋根

Don't get up on the roof.

▷屋根の上にのぼっちゃいけないでしょ。

それより屋根の上にのぼっちゃいけないでしょ!!
無視かい!
コウモリが嫌う超音波を聞かせてる
オレ様に任せとけ
エッすごっ

□ 936 round

[ráund] ラウンド　形 丸い，一周の

うちの笹団子は
丸くなくちゃ
だめだ…
なのにどうして
俺は上手く
作れないんだ…
そんなに
落ち込むな

"Sasa dango" must be round.

▷笹団子は丸くなくちゃだめだ。

□ 937 penguin

[péŋgwin] ペングウィン　名 ペンギン

苦手の克服も
大事だが
得意で勝負しろ
ペンギンは
飛べない
んだよ
でも泳ぎは
素晴らしい
お前は味付けが
うまいぞ
ぼっちゃん…！

Penguins can't fly.

▷ペンギンは飛べない。

□ 938 support

活用 support-supported-supported

[səpɔ́ːrt] サポート　動 ～を支援する，支持する　名 支援

オレは一生
あなたのことを
支えます！
後の三ッ星獲得
パティシエである

I will support you forever.

▷オレは一生あなたのことを支えます。

STEP 4

□ 939 lady

[léidi] レイディ | 名 女の人

池面グループのレストランで新作の試食を頼まれた
こちらの女性にお茶をお願いします
いただきます

A cup of tea for this lady, please.

▷こちらの女性にお茶をお願いします。

□ 940 taste

活用 taste-tasted-tasted

[téist] テイスト | 動 味がする 名 味

このケーキ笹みたいな味がするんだけど…
大衆受けしないかも…？

This cake tastes like "sasa".

▷このケーキ、笹みたいな味がするんだけど。

□ 941 impress

活用 impress-impressed-impressed

[imprés] インプレス | 動 ～を感動させる

お前の言葉に感動したぜ！
なんで!?
笹の味がわかるようになったんだな！
あーーーっ!?

I was impressed by your words.

▷お前の言葉に感動したぜ。

STEP 4

□ 942 rise

活用 rise-rose-risen

[ráiz] ライズ　動 上がる，（太陽などが）昇る

池面幼少期
最近笹の値段が上がってきてるぜ…

The price of "sasa" is rising these days.

▷最近、笹の値段が上がってきているぜ。

□ 943 radio

[réidiòu] レイディオゥ　名 ラジオ

ラジオつけてくれ
テレビではなく？

Turn the radio on!

▷ラジオ、つけて！

□ 944 electricity

[ilektrísəti] イレクトゥリサティ　名 電気

節電しようとしてるんだ
浮いたお金は笹代に回す！
その程度の差額意味がないですよ坊ちゃま
じゃあ稼ぐ方法を考えるぜ！
こうして若くして実業家になるのだった

I'm trying to save electricity.

▷節電しようとしてるんだ。

[fláit] フライト | 名 飛行，飛行機の便

こないだの連休
海外に行ったんだ
坊ちゃま
よい空の旅を！

Have a nice flight!

▷よい空の旅を！

[weil] ウェイル | 名 クジラ

ハワイで
ホエールウォッチング
したんだぜ
あんた
色んなところに
行ってるわよね…

I went whale watching in Hawaii.

▷ハワイでホエールウオッチングをしたんだぜ。

[skíl] スキル | 名 技能

様々な場所に行って
コミュニケーション
スキルを上げたいんだ
人間だけじゃなく
いろんな動物ともな
これ以上？
貪欲…！

I want to improve my communication skills.

▷コミュニケーション力をあげたいんだ。

STEP 4

948 bookstore

[búkstɔ̀ːr] ブックストァ　名 書店

Is there a bookstore near here?

▷近くに本屋さん、あるかな?

所用で遠くの町に来ています
近くに本屋さんあるかな?——あ!
BOOKS

949 writer

[ráitər] ライタァ　名 作家

I don't like this writer that much.

▷オレ、この作家はそんなに好きじゃないな。

オレ様はこの作家そんなに好きじゃないな
池面!?

950 customer

[kʌ́stəmər] カスタマァ　名 (店などの)客, 顧客

I'm a regular customer at this shop.

▷オレ、この店の常連客なんだよ。

なんで私がここにいるのを——
オレ様この店の常連なんだよ
嘘つき!ストーカー!

STEP 4

□ 951 anime

[ɑ́ːniméi] アーニメィ　名 アニメ

I appear in an anime called "Sasa".

オレ様「笹」っていうアニメに出てるんだ
笹～SASA～
あんた本当に何でもやってるわね…

▷オレ、「笹」っていうアニメに出てるんだよね。

□ 952 several

[sévrəl] セヴラル　形 いくつかの

For several reasons, I don't eat "sasa".

いくつかの理由があって私は笹を食べないの!
全話見ても池面いなかったぞ…?
劇場版予告

▷いくつかの理由があって、私は笹を食べないの!

□ 953 theater

[θíːətər] スィーアタァ　名 劇場，映画館

I'll be waiting for you at the theater.

劇場でお前のこと待ってるぜ!
予想外の出演方法だった
来場特典は笹ソムリエ池面氏による厳選笹!!

▷劇場で、お前のこと、待ってるぜ。

□ 954 gas

[gǽs] ギャス | **名** ガス，気体，ガソリン

ガス代払うの忘れてた!
今日払わなきゃまずいわね

I forgot to pay the gas bill.

▷ガス代払うの忘れてた。

□ 955 drop

活用 drop-dropped-dropped

[dráp] ドゥラップ | **動** ～を落とす，落ちる **名** しずく

ボトッ
慌てすぎて財布落としちゃった
どうぞお姉さん
スッ
あら ありがとう

I dropped my wallet.

▷お財布、落としちゃった。

STEP 4

□ 956 bank

[bǽŋk] バンク | **名** 銀行

かれん聞いて ママ今日銀行でかわいい男子に会っちゃった
面食いなママがいうなら相当だね
後にその男子と深く関わることになるかれんだった

I met a cute boy at the bank.

▷銀行でかわいい男子に会っちゃった。

□ 957 beginning

[bigíniŋ] ビギニング　名 初め，始まり

この曲
始まりの部分が
好きなんだ

I like the beginning of this song.

▷この曲、始まりの部分が好きなんだ。

□ 958 drum

[drʌ́m] ドゥラム　名 太鼓，ドラム

和太鼓の演奏って
興奮するよな！
確かに
かっこいいわね…

Japanese drum performances are exciting!

▷和太鼓の演奏って興奮するよな！

□ 959 hill

[híl] ヒル　名 丘

丘の上に
素敵な教会が
あるんだよ
そこで
結婚しようぜ
KAREN
あんたの歌かよ!!

There is a beautiful church on the hill.

▷丘の上に、素敵な教会があるんだよ。

STEP 4

STEP 4

□ 960 hobby

[hábi] ハビィ | 名 趣味

I think you need a hobby.

▷あんたに趣味が必要だね。

何か息抜きがしたいな…
つかれた…
は〜〜
あんたに趣味が必要ね

□ 961 horse

[hɔ́ːrs] ホース | 名 馬

I want to ride a horse.

▷オレ、馬に乗りたいな。

じゃあオレ様は馬に乗りたいな!

□ 962 coach

[kóutʃ] コウチ | 名 コーチ，指導者

I don't need any coach.

▷オレにコーチなんて不要だぜ。

オレ様にコーチなんて不要だぜ!
動物同士で謎の意思疎通が出来てる…!

□ 963 miss

活用 miss-missed-missed

[mís] ミス | **動** ～をのがす，～がいなくてさびしく思う

お前からの電話に出そびれて悪かったよ…
ふあ…
最近仕事と学業が忙しくてさ

I'm sorry that I missed your call.

▷お前からの電話に出そびれて、悪かったよ。

□ 964 noon

[nú:n] ヌーン | **名** 正午

オレ様今日は正午ごろ起きたぜ…

I woke up around noon today.

▷オレ、今日は正午ごろ起きたぜ。

□ 965 sleepy

[slí:pi] スリーピィ | **形** 眠い

なんでオレ様こんなに眠いんだ?
A.本来パンダは睡眠時間が長いのに無理して起きてるから

Why am I so sleepy?

▷なんでオレ、こんなに眠いんだ？

STEP 4

□ 966 social studies

[sóuʃəl stʌ́diz] ソウシャル スタディズ | 名 (教科としての)社会科

明日 社会の
テストがあるよ
勉強しなきゃ!

We have social studies test tomorrow.

▷明日、社会のテストがあるよ。

□ 967 straight

STEP 4

[stréit] ストゥレイト | 副 まっすぐに

ちゃんと勉強するために今日はまっすぐ家に帰りなさいよ
はーい!
チュン
チュン
徹夜でがんばった…
今日はバスで行こう…
うとうと

Just go straight home today.

▷今日はまっすぐ家に帰りなさいよ。

□ 968 bus stop

[bʌ́s stáp] バス スタップ | 名 バス停

終点ーー
寝過ごした
ここどの辺!?
なんていうバス停?
白鳥?
何してんだ
送ろうか?
お陰で間に合った
池面家前

What's the name of the bus stop?

▷なんていうバス停?

969 camp

活用 camp-camped-camped

[kǽmp] キャンプ

動 キャンプをする
名 キャンプ

わあっ
毎年夏はキャンプに行くんだ
今年はみんなで行こうぜ!

I go camping every summer.

▷毎年、夏はキャンプに行くんだ。

970 monkey

[mʌ́ŋki] マンキィ

名 サル

キャッ!?
あのサルにバナナ取られた〜!
取り返してきてやる!!

That monkey took my banana.

▷あのサルにバナナを取られた。

971 soft

[sɔ́:ft] ソーフト

形 やわらかい

よぉお嬢さん
お前のほっぺ
すごく
柔らかいなぁ
ドキーン♥
おわびの品まで
もらったぜ
さすが池面…!

Your cheeks are so soft.

▷お前のほっぺ、すごくやわらかいなぁ。

STEP 4

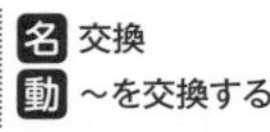

□ 972 exchange

活用 exchange-exchanged-exchanged

[ikstʃéindʒ] イクスチェインヂ

名 交換
動 ～を交換する

I'm an exchange student.

▷私は交換留学生なの。

私は交換留学生なの
日本ってどんなところなんだろう

□ 973 national

[næʃənl] ナショヌル

形 国の，国民の

This is the national flag of Japan.

▷これが日本の国旗だぜ。

これが日本の国旗だぜ
し…知ってるわ ありがとう
日本って普通にパンダが生息してるの!?

□ 974 proud

[práud] プラウド

形 誇りをもっている

You should be proud of yourself.

▷お前、自分を誇りに思っていいよ。

帰国後
いやそれは相当レアだぜ ラッキーすぎる！
お前自分を誇りに思っていいよ
だよね…また行きたいな

□ 975 wake

活用 wake-woke-woken

[wéik] ウェイク | 動 (wake upで)目を覚ます，~を起こす

お坊ちゃま！
起きる時間ですよ！
うーん…

It's time to wake up!

▷起きる時間ですよ！

□ 976 relax

活用 relax-relaxed-relaxed

[rilǽks] リラックス | 動 くつろぐ，~をくつろがせる

お前といると
リラックスするよ
だから眠くなるんだ…
あと5分…
坊ちゃま！
…仕方ないですね…
もぞ
もぞ

You make me feel relaxed.

▷お前といるとリラックスするよ。

□ 977 burn

活用 burn-burnt-burnt

[bə́ːrn] バーン | 動 ~を燃やす，燃える

お気に入りが
消し炭に
なりますよ
おい！
オレ様の写真を
燃やすなよ！
起きるから！
後で知ったがLEDの
フェイクキャンドルだった

Hey, don't burn my picture.

▷おい、オレの写真を燃やすなよ。

STEP 4

□ 978 teachers' office

[títʃərz ɔ́:fis] ティーチャァズ オフィス

名 職員室

私 さっき
いとこに会いに
職員室に行ったの

I went to see my cousin in the teachers' office.

▷いとこに会いに職員室に行ったの。

□ 979 data

[déitə] デイタ

名 データ

オーマイガー！
間違ってデータ
消しちゃったよ！
ミスター池面の
ベストショット
集が…！
NO〜!!

I deleted the data by mistake!

▷間違って、データ消しちゃったよ！

□ 980 school nurse's office

[skú:l nə́:rsiz ɔ́:fis] スクール ナースィズ オフィス

名 保健室

あんな総くん
見たくなかった…！
顔色悪っ！
あなた保健室
行った方がいいよ

You should go to the school nurse's office.

▷あんた、保健室に行った方がいいよ。

STEP 4

□ 981 date

[déit] デイト | 名 日付

What's the date today?

▷今日、何日だっけ？

池面幼少期
今日何日だっけ？
4月12日ですよ坊ちゃん
宇宙飛行士の日だな

□ 982 astronaut

[æstrənɔ́:t] アストゥラノート | 名 宇宙飛行士

I wanted to be an astronaut when I was a child.

▷子どものころ、
宇宙飛行士になりたかったんです。

そういえば…
諦めましたが
僕子どもの頃
宇宙飛行士に
なりたかったん
ですよね
…
後日
お前まだ
宇宙飛行士に
なれるぞ
え？

□ 983 research

[risə́:rtʃ] リサーチ | 名 調査，研究

I did a little research on you.

▷お前のこと、少し調べたんだ。

お前のこと
ちょっと調べさせて
もらった
本当にやりたいなら
バックアップするぞ
ぼっちゃん…
現在
本日ロケット
打ち上げ
日本人パイロット
○○さん
これオレ様の
知り合いが
乗ってるんだ
すごーい!!

STEP 4

□ 984 neighbor

[néibər] ネイバァ　名 隣人，近所の人

オレ様 隣の人と
仲いいんだよ
仲良くなる
きっかけとか
あったの？
それはな…

I get along well with my neighbor.

▷オレ、隣の人と仲いいんだよ。

□ 985 cleaning

[klíːniŋ] クリーニング　名 清掃

親の家を
譲り受けたのは
いいけど…
もさっ
くそっ
掃除大嫌いだ！
オレ様に任せな！
むしゃ
むしゃ

I hate cleaning!

▷掃除、大嫌いだ！

□ 986 racket

[rǽkit] ラキット　名 ラケット

おかげで今じゃ
お揃いの
テニスラケット
買おうぜ！
って仲になったな
OK
竹が繋いだ友情

Let's buy matching tennis rackets.

▷お揃いのテニスラケット、買おうぜ。

987 engineer

[èndʒiníər] エンヂニァ 名 技師

彼はエンジニアになるために勉強しているんだよ

He is studying to be an engineer.

▷彼は技術者になるために、勉強しているんだよ。

988 solve

活用 solve-solved-solved

[sálv] サルヴ 動 ～を解く，解決する

I can't solve this math problem.

▷この数学の問題、解けない。

989 level

[lévəl] レヴァル 名 レベル，程度

わぁ！この教科書俺のレベルにピッタリだ！
英語の参考書もあるぜ！
自社製品の売り込みだこれ…
竹と学ぶ英単語1000
竹で学ぶ数学

This textbook is the right level for me.

▷この教科書、オレのレベルにピッタリ。

STEP 4

990 gym

[dʒím] ヂム　名 体育館

My school has a big gym.

うちの学校大きな体育館があるんですのよ
へー…

▷うちの学校、大きな体育館があるんです。

991 P.E.

[píːíː] ピーイー　名 体育（physical education）の短縮形

Our P.E. teacher is so tall.

さらにうちの体育の先生すごく背が高いんです
今度の文化祭で見るの楽しみだよ

▷うちの体育の先生、すごい背が高いの。

992 elderly

[éldərli] エルダァリィ　形 年配の

Who is that elderly gentleman?

文化祭当日
ドン!!
あの老紳士は誰なの!?
例の体育の先生ですわ
想像以上だった…!
ずーん

▷あの老紳士はだれなの？

□ 993 global warming

[glóubəl wɔ́:rmiŋ] グロウバル ウォーミング | 名 地球温暖化

地球温暖化は深刻な問題だな

Global warming is a serious problem.

▷地球温暖化は深刻な問題だな。

□ 994 west

[wést] ウェスト | 名 西

太陽は西に沈むんだよな…
…

The sun sets in the west.

▷太陽は西に沈むんだよな。

□ 995 tooth

複数形 teeth

[tú:θ] トゥース | 名 歯

坊ちゃま! 時間稼ぎしないで歯の定期健診に行ってください!
歯医者嫌いなんだよ! オレ様虫歯はないぜ!
素人判断は危険なんですよ!

I don't have a bad tooth.

▷オレ、虫歯はないぜ。

STEP 4

STEP 4

996 gate

[géit] ゲイト | 名 門

遅刻ー！
もうすぐ校門が閉まっちゃう
校則は守れよ
白鳥
ドーン!!
くっ！

The school gate will close soon.

▷もうすぐ校門が閉まっちゃうよ。

997 shirt

[ʃə́ːrt] シャート | 名 シャツ

あ！
あんたのシャツ汚れてるわよ池面
えっ？
今のうちに――
ばっ

Your shirt is dirty.

▷あんたのシャツ、汚れてるよ。

998 waste

活用 waste-wasted-wasted

[wéist] ウェイスト | 名 むだ，廃棄物 動 ～をむだにする

変な小細工は
時間の無駄だぜ
ぎゅっ♡
ギャ――!!

It’s a waste of time.

▷時間の無駄だぜ。

□ 999 marathon

[mǽrəθɑ́n] マラサン　**名** マラソン

I'm running my first marathon tomorrow.

▷明日、初めてマラソンに出るんだよ。

オレ様　明日
初めてマラソンに
出るんだよ
では僭越ながら
応援歌を
昔歌手を
目指してたんで
ラ〜♪
ララ〜♪
上手いな!

□ 1000 driver

[dráivər] ドゥライヴァ　**名** 運転手

The taxi driver was so kind.

▷タクシーの運転手さん、すごく親切だったよ。

さっきの
タクシー運転手
すげえ親切だったぜ
名刺もらっちまった
よかったですね

□ 1001 band

[bǽnd] バンド　**名** バンド，帯，ひも

Do you want to form a band with me?

▷オレさまとバンドを組まないか？

もしもし…
今日タクシーで
世話になった者だが
オレ様とバンドを
組まないか?
後日
このバンド
いい!
普段タクシー運転手
とは思えないよね

STEP 4

□  bread

[bréd] ブレッド　名 パン

パン買うの忘れちゃった
朝ごはんも食べてないのに…

I forgot to buy bread.

▷パン、買うの忘れちゃった。

□ 1003 healthy

STEP 4

[hélθi] ヘルスィ　形 健康な，健康によい

朝食を抜くのはヘルシーじゃないな
オレ様のおやつ分けてやるよ
スッ

It's not healthy to skip breakfast.

▷朝食を抜くのは健康によくないな。

□ 1004 banana

[bənǽnə] バナナ　名 バナナ

あっバナナ茶色くなっちゃったぜ
これくらいなら食べられるよありがとう
池面ってたまにオカン感出すよね…

This Banana has gone brown.

▷バナナ、茶色くなっちゃったぜ。

よくやったな

今日からお前も
イケヅラ・ファンクラブの
会員だ

…え？　入らない？
まあそう遠慮するなよ

おまけ 不規則動詞変化表

A-B-B 型（過去形と過去分詞が同じ形）

原形（現在形）	過去形	過去分詞	意味
bring	brought	brought	持ってくる
buy	bought	bought	買う
catch	caught	caught	つかまえる
feel	felt	felt	感じる
find	found	found	見つける
have	had	had	持っている
hear	heard	heard	聞こえる
keep	kept	kept	保つ
leave	left	left	去る
lose	lost	lost	失う
make	made	made	作る
mean	meant	meant	意味する
meet	met	met	会う
read	read	read	読む
say	said	said	言う
sit	sat	sat	座る
stand	stood	stood	立つ
tell	told	told	伝える
think	thought	thought	思う
understand	understood	understood	理解する

※readは過去形と過去分詞の読みが「レッド」になります。

A-B-C型（それぞれ違う形）

原形（現在形）	過去形	過去分詞	意味
is・am/are	was/were	been	～である，いる
begin	began	begun	始める
break	broke	broken	こわす
do	did	done	する
eat	ate	eaten	食べる
fly	flew	flown	飛ぶ
get	got	gotten/got	手に入れる
give	gave	given	与える
go	went	gone	行く
know	knew	known	知っている
see	saw	seen	見る
sing	sang	sung	歌う
speak	spoke	spoken	話す
take	took	taken	取る
write	wrote	written	書く

A-B-A型（原形と過去分詞が同じ形）

become	became	become	～になる
come	came	come	来る
run	ran	run	走る

A-A-A型（すべて同じ形）

cut	cut	cut	切る
put	put	put	置く

STEP 4

さくいん

collect	～を集める	192
college	大学	201
color	色	181
come	来る	12
comic	マンガ	200
communicate	意思を伝え合う，通信する	252
communication	コミュニケーション	257
company	会社	185
computer	コンピュータ	106
concert	コンサート	165
contest	コンテスト	176
continue	～を続ける	212
conversation	会話	282
cook	～を料理する，料理人	57
cool	すずしい，かっこいい	242
corner	角	229
could	～できた	232
country	国	75
course	コース，進路講座	75
cover	～をおおう	252
cry	泣く，さけぶ	136
culture	文化	99
cup	カップ，茶わん	208
customer	（店などの）客，顧客	294
cut	～を切る	196
cute	かわいい	223

d

dance	踊る，踊り	133
dangerous	危険な	254
dark	暗い	173
data	データ	304
date	日付	305
daughter	娘	242
day	日	83
dear	（手紙で）親愛なる～様	177
December	12月	84
decide	～を決める	91
deep	深い，深く	188
delicious	おいしい	184
design	デザイン	203
desk	机	149
develop	～を発達させる，発展する	287
dictionary	辞書	270
die	死ぬ	129
difference	違い	183
different	違った	54
difficult	難しい	58
dinner	夕食	91
dish	皿，料理	177
distance	距離，遠距離	258
doctor	医師	120
dog	犬	59
doll	人形	250
dollar	ドル	192
dolphin	イルカ	221
door	ドア	149
down	下へ	97
draw	（ペンで絵や図を）描く，（線）を引く	164
dream	夢	105
drink	～を飲む	64
drive	（車など）を運転する	179
driver	運転手	311
drop	～を落とす，落ちる，しずく	296
drum	太鼓，ドラム	297
during	～の間（に）	235

e

each	それぞれ，それぞれの	53
ear	耳	267
early	早く，早い	128
earth	地球	101
easily	簡単に	197
easy	簡単な	94
eat	～を食べる	29
egg	卵	174
eight	8（の）	77
eighteen	18（の）	78
eighteenth	18番目（の）	81
eighth	8番目（の）	80
eighty	80（の）	79
either	（否定文で）～もまた（…ない），（～か…の）どちらか	255
elderly	年配の	308
electricity	電気	292
elementary school	小学校	283
elephant	ゾウ	227
eleven	11（の）	78
eleventh	11番目（の）	81
else	その他に	210
end	終わり	142
energy	エネルギー	146
engineer	技師	307
English	英語，英語の	17
enjoy	～を楽しむ	27
enough	十分な，十分に	117
enter	～に入る	251
environment	環境	229
even	～でさえ	69
evening	夜，夕方	154
event	行事	178
ever	今までに	123
every	どの～も，毎～	31
everyone	みんな	60
everything	あらゆること	159
example	例	67
exchange	交換，～を交換する	302
excited	興奮した	179
exciting	わくわくさせる	146
excuse	～を許す	126
expensive	高価な	274
experience	経験	116
explain	～を説明する	183
eye	目	125

f

face	顔	125
fact	事実	194
fall	秋，落ちる	134
family	家族	31
famous	有名な	111
fan	ファン，うちわ	211
far	遠くに	168
farm	農場	186
farmer	農場経営者，農家の人	186
fast	速く，速い	139
father	父	74
favorite	いちばん好きな，お気に入り	93
February	2月	84
feel	～を感じる	47
feeling	感情（one's feelingsで）気持ち	214
festival	祭り	95
few	少数の	106
field	畑，野原	195
fifteen	15（の）	78
fifteenth	15番目（の）	81
fifth	5番目（の）	80
fifty	50（の）	79
fight	戦う，戦い	181
fill	～を満たす	226
finally	ついに，最後に	187
find	～を見つける	24
fine	すばらしい，よい	145
finish	～を終える，終わる	105
fire	火，火事	274
fireworks	花火	281
first	第1の，最初の	23
fish	魚	112
fishing	魚釣り	265
five	5（の）	77
flight	飛行，飛行機の便	293
floor	床，階	175
flower	花	50
fly	飛ぶ，飛行機で行く	104
follow	～について行く，～に従う	198
food	食べ物	33
foot	足	163
for	～の間，～のために	233
foreign	外国の	119
forest	森	167
forget	～を忘れる	128
forty	40（の）	79
forward	前方へ	211
four	4（の）	77
fourteen	14（の）	78
fourteenth	14番目（の）	81
fourth	4番目（の）	80
free	自由な，自由に～する	135
French	フランスの，フランス語	240
fresh	新鮮な	241
Friday	金曜日	82
friend	友達	18
friendly	友好的な，親しい	246
from	～から	234
front	（in front of で）～の前に	131
fruit	果物	162
full	いっぱいの，満腹で	204
fun	楽しいこと	106

future	未来，将来	95
g		
game	試合，ゲーム	43
garbage	ごみ，生ごみ	288
garden	庭，庭園	202
gas	ガス，気体，ガソリン	296
gate	門	310
get	～を手に入れる，～になる	13
gift	贈り物	195
give	～を与える	26
glad	うれしい	121
glass	コップ，ガラス	276
global warming	地球温暖化	309
go	行く	10
goal	ゴール，目標	218
god	神	284
good	よい，じょうずな	12
goodbye	別れのあいさつ，さようなら	193
grandfather	祖父	140
grandmother	祖母	103
graph	グラフ	189
grass	草	276
great	すばらしい，偉大な	43
green	緑色の	127
ground	地面	171
group	グループ	113
grow	成長する，～を育てる	103
guess	～を推測する，言い当てる	188
guide	案内人	270
guitar	ギター	146
gym	体育館	308
h		
hair	髪の毛	196
half	半分，半分の	196
hall	ホール，会館	219
hamburger	ハンバーガー	241
hand	手	90
happen	起こる	115
happy	うれしい，幸せな	23
hard	難しい，かたい，一生懸命に，熱心に	42
hat	ぼうし	216
he	彼は（が）	157
head	頭	182
health	健康	184
healthy	健康な，健康によい	312
hear	～を聞く，～が聞こえる	39
heart	心，心臓	166
heavy	重い	188
hello	やあ，こんにちは，もしもし	55
help	助け，～を手伝う	26
her	彼女の，彼女を（に）	157
here	ここに，ここ	23
hers	彼女のもの	157
herself	彼女自身を（に）	157
high	高い	150
high school	高校	109
hill	丘	297
him	彼を（に）	157
himself	彼自身を（に）	157
his	彼の，彼のもの	157
history	歴史	149
hit	～をぶつける，～をたたく，打つ	126
hobby	趣味	298
hold	～を手に持つ，～を開催する	120
holiday	祝日	257
home	家に，家	26
homework	宿題	105
hope	～を望む	53
horse	馬	298
hospital	病院	115
host	主催者，（客をもてなす）パーティーの主人	165
hot	暑い，熱い	109
hotel	ホテル	195
hour	時間	83
house	家	32
how	どうやって	160
however	しかし，けれども	227
human	人間の	151
hundred	100（の）	79
hungry	空腹の	174
hurt	～を傷つける，痛む	169
husband	夫	287
i		
I	私は（が）	156
ice	氷	178
idea	考え	41
if	もし～ならば	14
imagine	～を想像する	206
important	重要な	52
impress	～を感動させる	291
in	～の中で	233
information	情報	153
inside	～の中に	237
interested	興味がある	69
interesting	おもしろい，興味深い	45
international	国際的な	246
internet	インターネット，ネット	147
into	～の中へ	235
invite	～を招待する	244
island	島	207
it	それは（が，を，に）	157
its	それの	157
j		
January	1月	84
Japanese	日本の，日本人，日本語	17
job	仕事	100
join	～に加わる	88
juice	ジュース	248
July	7月	84
jump	とぶ，ジャンプする	221
June	6月	84
junior high school	中学校	123
just	ちょうど，ほんの	50
k		
keep	～を保つ，自分のものにする	66
kid	子ども	216
kill	～を殺す	243
kilometer	キロメートル	281
kind	種類，親切な，やさしい	38
king	王	247
kitchen	台所	268
know	～を知っている	12
l		
lady	女の人	291
lake	湖	167
land	陸地，土地	222
language	言語	89
large	大きい	92
last	この前の，最後の	34
late	遅く，遅い，遅れた	143
later	あとで	89
laugh	（声をだして）笑う	226
lead	～を導く	284
leader	指導者，リーダー	260
leaf	葉	267
learn	～を習い覚える	29
leave	…を～のままにしておく，離れる，出発する	33
left	左の，(left-handed) で左きき	145
leg	脚	208
less	より少ない	231
lesson	授業，レッスン，教訓	273
let	～しましょう	32
letter	手紙	100
level	レベル，程度	307
library	図書館，図書室	97
lie	横になる	175
life	生活，生命	48
light	光，明かり，明るい，軽い	90
like	～のように	233
lion	ライオン	247
listen	聞く	44
little	小さい	59
live	住んでいる	27
local	地元の，その地域の	224
long	長い，長く	30
look	見る，～に見える	11
lose	～をなくす，～に負ける	99
lot	たくさんの～	17
loud	（声や音が）大きい	249
love	～を愛する，愛	40
low	低い，（声が）小さい	280
luck	運	265
lucky	ついてる，幸運な	213
lunch	昼食	72
m		
machine	機械，(a vending machineで) 自動販売機	231
make	～を作る，AをBにする	11
man	男の人	61
many	たくさんの，多数の	15
map	地図	168
marathon	マラソン	311
March	3月	84

market	市場	286
match	試合	278
math	数学	131
matter	事柄，問題	212
May	5月	84
may	～してもよい	232
maybe	たぶん，ひょっとすると	145
me	私を（に）	156
meal	食事	215
mean	～を意味する	54
meaning	意味	258
medicine	薬	280
meet	（～に）会う	39
meeting	会議，会合	219
member	メンバー，一員	92
memory	記憶，思い出	253
message	伝言，メッセージ	132
meter	メートル	258
milk	牛乳	202
million	100万（の）	79
mind	心，精神，～をいやがる	170
mine	私のもの	156
minute	分	83
miss	～をのがす，～がいなくてさびしく思う	299
mistake	間違い，～を間違える	217
moment	ちょっとの間，瞬間	269
Monday	月曜日	82
money	お金	109
monkey	サル	301
month	（こよみの）月	58
moon	（天体の）月	197
more	もっと，もっと多くの	28
morning	朝，午前	35
most	最も，いちばん，ほとんどの	40
mother	母	30
mountain	山	128
mouse	ネズミ	255
mouth	口	271
move	～を動かす，引っ越す	93
movie	映画	74
much	とても，たくさんの	25
museum	博物館，美術館	134
music	音楽	62
musician	音楽家	279
must	～しなければならない	232
my	私の	156
myself	私自身を（に）	156
n		
name	名前	41
national	国の，国民の	302
natural	自然の	246
nature	自然	167
near	～の近くに	235
need	～を必要とする	46
neighbor	隣人，近所の人	306
nervous	緊張している	256
never	決して～ない	49
new	新しい	19
news	ニュース	148
newspaper	新聞	206
next	次に，次の	35
nice	すてきな，親切な	48
night	夜	54
nine	9（の）	77
nineteen	19（の）	78
nineteenth	19番目（の）	81
nineth	9番目（の）	80
ninety	90（の）	79
noon	正午	299
north	北	269
nose	鼻	266
notebook	ノート	230
nothing	何も～ない	159
notice	～に気づく，通知，掲示	228
November	11月	84
now	今（は）	28
number	数，番号	118
nurse	看護師	218
o		
ocean	海，海洋	207
o'clock	～時に，～時	137
October	10月	84
of	～の	233
off	離れて	114
office	事務所，会社	143
often	よく，しばしば	72
oil	油，石油	204
old	古い，年取った	25
on	～で，～の上で	234
once	1度，かつて	136
one	1（の）	77
only	ただ1つの，ただ～だけ	63
open	～を開ける，開いている	98
opinion	意見	261
orange	オレンジ，オレンジ色の	220
order	～を注文する，注文	225
other	ほかの	18
our	私たちの	158
ours	私たちのもの	158
ourselves	私たち自身を（に）	158
out	外へ	47
outside	～の外に	237
over	～を超えて	235
own	自分自身の	110
owner	所有者，オーナー	262
p		
P.E.	体育	308
page	ページ	273
paint	（絵の具で絵）を描く，～にペンキを塗る	288
painting	絵	273
paper	紙	141
parent	親	108
park	公園	56
part	部分	65
party	パーティー	101
pass	～を手渡す，（時が）たつ	174
past	過去	266
pay	払う，～を支払う	185
peace	平和	240
pen	ペン	177
pencil	えんぴつ	230
penguin	ペンギン	290
people	人々	16
perfect	完全な，最適の	253
person	人	107
pet	ペット	212
phone	電話	143
photo	写真	202
piano	ピアノ	129
pick	～をつむ，～を選ぶ	209
picture	写真，絵	70
piece	1つ，かけら	172
pizza	ピザ	264
place	場所	47
plan	計画，予定	132
plane	飛行機	217
planet	惑星	218
plant	植物	112
plastic bag	ビニール袋	219
plastic bottle	ペットボトル	220
play	～する，～を演奏する	15
player	選手，プレーヤー	102
please	どうぞ	34
point	要点，点	125
police	警察	189
pollution	汚染	285
poor	貧しい，かわいそうな	182
popular	人気のある	97
post office	郵便局	230
potato	じゃがいも	184
power	力	171
practice	～を練習する，練習	71
present	プレゼント，贈り物	121
pretty	かわいらしい，きれいな	259
probably	たぶん，おそらく	282
problem	問題	63
produce	～を生産する，制作する	175
program	番組，プログラム	116
project	計画	186
promise	～を約束する，約束	280
protect	～を保護する	245
proud	誇りをもっている	302
put	～を置く	62
q		
question	質問	52
quickly	すばやく	201
quiet	静かな	252
r		
race	競走，競争	163
racket	ラケット	306
radio	ラジオ	292
rain	雨が降る，雨	117
rainy	雨降りの	190
raise	～を上げる，～を育てる	277
reach	～に着く，～に届く	224
read	～を読む	20
ready	準備ができた	215
real	本当の，現実の	190

really	本当に	24
reason	理由	172
receive	～を受け取る	197
recycle	～をリサイクルする	192
red	赤い	133
relax	くつろぐ，～をくつろがせる	303
remember	～を覚えている，思い出す	63
repeat	～を繰り返す	193
report	報告，レポート	217
research	調査，研究	305
respect	～を尊敬する，尊敬，敬意	285
rest	休息	220
restaurant	レストラン	101
return	帰り，巡ってくること，帰る	169
rice	米，ご飯，稲	132
rich	金持ちの，豊かな	249
ride	～に乗る	179
right	右の，正しい，右に	25
ring	鳴る，輪，指輪	245
rise	上がる，(太陽などが) 昇る	292
river	川	113
road	道路	228
rock	岩，ロック	210
roof	屋根	289
room	部屋	71
round	丸い，一周の	290
rule	規則	209
run	走る	51
s		
sad	悲しい	112
safe	安全な	285
salt	塩	262
same	同じ	61
sandwich	サンドウィッチ	272
Saturday	土曜日	82
save	～を救う，～を節約する	198
say	～と言う	16
school	学校	13
school nurse's office	保健室	304
science	科学，理科	142
scientist	科学者	138
sea	海	91
season	季節	170
seat	席，座席	203
second(1)	2番目 (の)	80
second(2)	秒	83
see	～を見る，～に会う	13
seed	種	276
seem	～のように思われる	255
sell	～を売る	154
send	～を送る	66
September	9月	84
set	～を置く，(太陽が) 沈む，一組，セット	227
seven	7 (の)	77
seventeen	17 (の)	78
seventeenth	17番目 (の)	81
seventh	7番目 (の)	80
seventy	70 (の)	79

several	いくつかの	295
shake	～を振る	268
shall	～しましょうか	232
share	～を分け合う，～を共有する	265
she	彼女は (が)	157
ship	船	275
shirt	シャツ	310
shock	～にショックを与える，ショック	278
shoe	くつ (左右両方のくつをさすときはshoesという)	203
shop	店	104
shopping	買い物	118
short	短い，(背が) 低い	176
should	～したほうがよい，～すべきだ	232
shout	(～と) さけぶ	244
show	～を見せる	33
sick	気分が悪い，病気の	127
side	側面	223
sign	標識，看板，記号	254
simple	簡単な，質素な	268
since	～から (ずっと)	236
sing	～を歌う	55
singer	歌手	191
sister	姉，妹	103
sit	すわる	86
situation	状況，事態	275
six	6 (の)	77
sixteen	16 (の)	78
sixteenth	16番目 (の)	81
sixth	6番目 (の)	80
sixty	60 (の)	79
size	大きさ	286
ski	スキーをする，スキー板	226
skill	技能	293
sky	空	153
sleep	眠る	119
sleepy	眠い	299
slowly	ゆっくりと	210
small	小さい	44
smile	ほほえみ，ほほえむ	87
snow	雪	170
soccer	サッカー	60
social studies	(教科としての) 社会科	300
soft	やわらかい	301
solar	太陽の	250
solve	～を解く，解決する	307
some	いくつか，いくらか	14
someday	(未来の) いつか	271
someone	だれか	159
something	何か，あるもの	159
sometimes	ときどき	90
son	息子	205
song	歌	62
soon	すぐに	71
sorry	すまなく思って	102
sound	音，～に聞こえる	72
soup	スープ	248
south	南	222
space	宇宙	130

speak	～を話す	76
special	特別な	117
speech	スピーチ，演説	150
spend	(お金) を使う，(時間) を過ごす	176
sport	スポーツ	68
spring	春	151
stadium	スタジアム，競技場	278
stage	舞台	249
stand	立つ	104
star	星，スター	130
start	始まる，～を始める	36
station	駅	73
stay	滞在する，滞在	42
step	歩み，一歩	221
still	まだ	93
stone	石	254
stop	～を止める，止まる	74
store	店	133
story	物語	58
straight	まっすぐに	300
strange	変な，奇妙な	207
street	通り	120
strong	強い	119
student	生徒	19
study	(～を) 勉強する	22
style	様式，スタイル	281
subject	教科，(メールなどの) 件名	162
such	そのような	108
suddenly	突然	189
summer	夏	67
sun	太陽	141
Sunday	日曜日	82
sunny	晴れた，日当たりのよい	190
supermarket	スーパーマーケット	264
support	～を支援する，支持する，支援	290
sure	確信して	56
surprised	驚いた	94
sweet	甘い	251
swim	泳ぐ	99
system	制度，組織	205
t		
table	テーブル	114
take	～を連れて (持って) いく，～を手に取る	14
talk	話す	18
tall	(背が) 高い	152
taste	味がする，味	291
tea	お茶，紅茶	151
teach	～を教える	57
teacher	教師	42
teacher's office	職員室	304
team	チーム	88
tear	(普通複数形で) 涙	248
technology	科学技術	250
telephone	電話	282
tell	～を伝える	20
temperature	温度	269
temple	寺	200
ten	10 (の)	77

tennis	テニス	69
tenth	10番目（の）	80
terrible	ひどい，おそろしい	284
test	テスト，試験	199
than	～よりも	31
thank	～に感謝する	21
that	あれ	159
theater	劇場，映画館	295
their	彼らの，それらの	158
theirs	彼らのもの，それらのもの	158
them	彼らを（に），それらを（に）	158
themselves	彼ら自身を（に）	158
then	そのとき，それから	21
there	そこに，そこで	15
these	これら	159
they	彼らは(が)，それらは(が)	158
thing	こと，もの	28
think	考える，～と思う	11
third	3番目（の）	80
thirteen	13（の）	78
thirteenth	13番目（の）	81
thirty	30（の）	79
this	これ	159
those	あれら	159
though	だけれども	247
thousand	1000（の）	79
three	3（の）	77
through	～を通り抜けて	236
throw	～を投げる	166
Thursday	木曜日	82
ticket	チケット，切符	191
time	時，時間，回	10
tired	疲れた，～で疲れた	130
to	～へ，～まで	233
today	今日（は）	70
together	いっしょに	53
tomato	トマト	225
tomorrow	明日，明日（は）	52
too	～もまた，～すぎる	20
tooth	歯	309
top	頂上	180
touch	～にさわる	213
tour	旅行	222
tower	塔，タワー	194
town	町	73
traditional	伝統的な	191
traffic	交通	260
train	電車	50
travel	旅行する，移動する，旅行	155
treasure	宝物	279
tree	木	61
trip	旅行	110
trouble	困ること，困難	275
true	本当の	127
try	(～を）やってみる	34
T-shirt	Tシャツ	185
Tuesday	火曜日	82
turn	曲がる，曲がること，順番	122
twelfth	12番目（の）	81
twelve	12（の）	78
twentieth	20番目（の）	81
twenty	20（の）	78
two	2（の）	77
type	型，タイプ	277
U		
umbrella	かさ	274
uncle	おじ	198
under	～の下に	236
understand	～を理解する	38
uniform	制服	261
university	大学，総合大学	201
until	～まで（ずっと）	236
up	上へ	22
us	私たちを（に）	158
use	～を使う，使用	16
useful	役に立つ	138
usually	たいていは，ふつうは	64
V		
vacation	休暇	124
vegetable	野菜	140
video	動画，ビデオ	223
view	ながめ，物の見方	205
village	村	144
violin	バイオリン	289
visit	～を訪れる，訪問	32
voice	声	211
volleyball	バレーボール	243
volunteer	ボランティア，志願者	148
W		
wait	待つ	89
wake	(wake up で）目を覚ます，～を起こす	303
walk	歩く，散歩	51
wall	壁	187
want	～がほしい	10
war	戦争	229
warm	暖かい，温かい	126
wash	～を洗う	154
waste	むだ，廃棄物，～をむだにする	310
watch	～を（じっと）見る，腕時計	43
water	水	38
way	道，方法	37
we	私たちは	158
wear	～を身につけている	113
weather	天気	147
Wednesday	水曜日	82
week	週	39
weekend	週末	214
welcome	ようこそ	122
well	よく，じょうずに，ええと	29
west	西	309
whale	クジラ	293
what	何，何の	160
when	いつ	160
where	どこに（で）	160
which	どちら（の），どれ	160
while	～する間に	114
white	白い	95
who	だれ	160
whole	全体の	283
whose	だれの，だれのもの	160
why	なぜ	160
wife	妻	187
wild	野生の，ワイルドな	251
will	～するだろう	232
win	～に勝つ，（賞など）を獲得する	102
wind	風	173
window	窓	166
winter	冬	118
wish	願う，願い	243
with	～といっしょに，～を身につけて	234
without	～なしで	236
woman	女性	110
wonder	不思議に思う，～だろうかと思う	200
wonderful	すばらしい	92
wood	木材	215
word	単語，言葉	30
work	働く，仕事	27
worker	働く人	264
world	世界	48
worry	心配する	68
would	(would like to ～で)～したい	232
write	～を書く	37
writer	作家	294
wrong	間違った，（道徳的に）悪い	164
Y		
year	年	83
yellow	黄色い	214
yesterday	昨日（は）	60
yet	まだ（… ない），もう	134
you	あなたは(が)，あなたを(に)	156
young	若い	96
your	あなたの，あなたたちの	156
yours	あなたのもの，あなたたちのもの	156
yourself	あなた自身を（に）	156
yourselves	あなたたち自身を（に）	156
Z		
zero	0（の）	77
zoo	動物園	123

パンダで覚える
中学英単語 1000

2020年11月23日　初版第1刷発行
2022年12月24日　第2刷発行

マンガ　ナオダツボコ
英文作成　桑原美保
監修　大岩秀樹（東進ハイスクール講師）

発行者　細川祐司
発行所　株式会社　小学館
〒101-8001　東京都千代田区一ツ橋 2-3-1
電話　編集　03-3230-5485
販売　03-5281-3555

印刷所　凸版印刷株式会社
製本所　株式会社若林製本工場

デザイン　菅原悠里、松倉真由美、【BGS 制作部】佐藤里衣（バナナグローブスタジオ）
校正　小学館出版クオリティセンター
編集　植田優生紀

ISBN978-4-09-227234-7